EIN JAHR IM Schwedenhaus

EIN JAHR IM Schwedenhaus

MIT NORDISCHER LEICHTIGKEIT DURCHS JAHR

Lifestyle
BUSSE SEEWALD

Herbst 85

Winter 119

Willkommen im RÖDA HUS!

Hej, ich bin Natascha, auf Instagram auch bekannt unter dem Namen „roeda_hus". Oder du kennst mich vielleicht durch meinen Blog: blog.roeda-hus.de. Mit meiner Familie und unserer Zwergrauhaardackel-Dame lebe ich in einem roten Schwedenhaus nördlich von Bremen. Ich bin Mama der zwei erwachsenen Kinder Emil und Emma, Hobby-Bäckerin und -Gärtnerin und liebe den unvergleichlichen Bullerbü-Charme. Wenn es dir genauso geht, dann ist dieses Buch der perfekte Begleiter für dich. Es ist gefüllt mit leckeren Familienrezepten, einfachen saisonalen Tischdeko-Ideen, Tipps rund um das Gartenjahr, DIY- und Upcycling-Ideen sowie skandinavischen Deko-Anregungen, um dein Zuhause in jeder Jahreszeit gemütlich und wohnlich herzurichten. In unserem Zuhause werden Familienleben und Heimeligkeit großgeschrieben. Feste werden gefeiert und Freunde bewirtet, es wird gemeinsam gegessen und jede Jahreszeit auf ihre eigene Art genossen, denn jede Saison hat ihren eigenen Zauber.

Gemeinsam mit dir gehe ich durch das Jahr im Röda Hus, und ich hoffe, du findest neue Anregungen und Ideen für dein persönliches Bullerbü-Feeling.

Viel Freude beim Backen, Basteln,
Dekorieren und bei der Gartenarbeit
deine
Natascha ♡

Liebe auf den ersten Blick

2014 waren wir auf der Suche nach einem neuen Zuhause und haben dieses rote Schwedenhaus durch Zufall im Bremer Umland entdeckt. Schon beim Besichtigungstermin war es Liebe auf den ersten Blick. Innerhalb von acht Wochen hatten wir das alte Gebäude verkauft und konnten einen Tag vor Heiligabend in unser rotes Schwedenhaus einziehen.

An Weihnachten hatte es dicke Flocken geschneit, und der Garten sah wie in Puderzucker gehüllt aus. Das kleine rote Schwedenhaus leuchtete so fröhlich aus dem weißen Schnee, dass ich zum ersten Mal zur Kamera griff, um diesen besonderen Moment und die Jahreszeit im Garten einzufangen.

Auch in den folgenden Monaten machte ich Gartenbilder, und es entstand ein ganzes Sammelsurium. Die Bilder wollte ich gerne teilen, und so ist mein Blog „Röda Hus" entstanden, was auf Schwedisch „rotes Haus" oder „rote Häuser" bedeutet.

» Gerne greife ich auf natürliche saisonale Dekoelemente zurück. Im Herbst dürfen leuchtende Kürbisse, die unterschiedlich arrangiert werden, nicht fehlen. Bepflanzte Körbe mit Heide, Torfmyrte, Zierquitten und Chrysanthemen läuten die bunte Jahreszeit ein. Ein herbstlicher Eingangsbereich heißt die Gäste willkommen.

Anfänglich habe ich über die saisonale Gartenarbeit geschrieben und Rezepte hochgeladen. Der Blog erhielt viel Zuspruch, und ich wurde mutiger und zeigte auch Bilder vom Inneren unseres Zuhauses und unserer Einrichtung.

Zu meiner großen Freude wurde mein damals noch junger Blog Röda Hus im Jahr 2016 zu einem der TOP 10 Wohnblogs nominiert. Die Fotografie habe ich mir selbst beigebracht, und mittlerweile ist das Bloggen ein fester Bestandteil meiner Freizeitgestaltung geworden, welches ich neben meiner Vollzeitbeschäftigung ausübe.

Über die Jahre sind viele Kontakte zu namhaften Firmen, führenden Kooperationspartnern und anderen großartigen Bloggern entstanden, die bis heute Bestand haben.

Vielleicht hast du unser Zuhause schon in der einen oder anderen Wohnzeitschrift entdeckt? Niemals hätte ich gedacht, dass meine Begeisterung für unser Haus von einer so großen Leserschaft geteilt wird. Das ist eine sehr große Freude und eine super Motivation für mich.

Bloggen

Auf meinem Blog teile ich mit meiner Leserschaft unser tägliches Leben, Rezepte, Renovierungsarbeiten, DIYs, Gartentipps, saisonale Tischdeko, Basteltipps, Gärtner-Ratschläge und vieles mehr. Die Themen bereite ich in der Regel nicht vor, da ich mir einfach die Kamera greife und meinen Alltag dokumentiere, um die Bilder im Anschluss für den Blog mit Text und Leben zu füllen. Viele Leser begleiten mich schon seit Jahren, und ich freue mich immer wieder über liebevolle Feedbacks zu meinen Rezepten oder Deko-Ideen.

Außerdem male ich gerne Aquarell, was ein schöner Ausgleich zu meiner Arbeit und dem Bloggen ist. Auch dieses Hobby habe ich mir selbst angeeignet und dieses Buch mit ein paar Motiven von mir bestückt.

Es ist schön, dass ich mit meinem Blog Anregungen schaffen kann und viele Leser das Betrachten der Bilder als entspannend empfinden, als kleine persönliche Auszeit vom Alltag. Ich freue mich sehr, dich mit durch das Jahr in unserem Zuhause zu nehmen.

Meine Themen

Ich beschäftige mich mit Deko, Reisen, Homedecor, Blumenarrangements, Feierlichkeiten, Gemüseanbau, Handarbeit, DIYs, Fashion, Party-Ideen, Upcycling und vielem mehr. Gerne dekoriere ich saisonal mit kleinen, einfachen Handgriffen, binde natürliche Deko-Materialen mit ein, greife zum Pinsel und setze DIY-Ideen um. Ich lege viel Wert auf Nachhaltigkeit und schaffe schlichte Gemütlichkeit durch Textilien sowie einfache Deko- oder Blumenideen.

Außerdem backe ich leidenschaftlich gerne. Sonntags darf selbst gebackener Kuchen bei uns nie fehlen! Die Rezepte stelle ich regelmäßig auf meinem Blog vor.

» Jede Jahreszeit hat ihren eigenen Zauber. Man muss die Natur nur ins Haus holen und kann sich an ihrem Duft erfreuen: im Frühling der zarte Fliederduft, im Herbst der holzige Duft nach Moos und Laub oder im Winter nach weihnachtlichem Tannengrün und getrockneten Orangenscheiben.

Mein Garten ist für mich der perfekte Rückzugsort. Unsere Gemüsebeete haben wir 2020 angelegt, und auf meinem Blog gibt es saisonale Tipps rund ums Gartenjahr. Auch in diesem Buch findest du viele nützliche Tipps für einen bienen- und insektenfreundlichen Garten mit Gemüse- und Staudenpflanzen. Im Gemüsegarten bin ich gerne am Buddeln und verbringe viel Zeit in der Natur.

Unsere Veranda ist der Lieblingsplatz der ganzen Familie. Hier lassen wir die Seele baumeln und entspannen uns.

Mein Einrichtungsstil

Der skandinavische Einrichtungsstil begeistert mich schon lange. Ich mag ruhige, natürliche und schlichte Farben. Die Basis bilden bei uns die Farben Weiß und Greige, eine Mischung aus Beige und Grau. Natürliche Elemente wie Holz, Rattan und Messing verleihen den Räumen Wärme, Leichtigkeit und Gemütlichkeit.

Sehr gerne stöbere ich auf Flohmärkten, um unserem Zuhause eine individuelle Note zu verleihen. Oft mische ich moderne und zeitlose Einrichtungsgegenstände mit alten Vintage-Elementen und kreiere auf diese Weise einen besonderen Look.

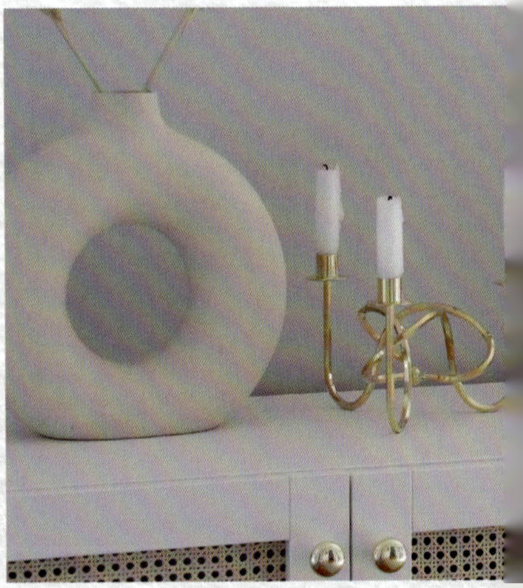

» Die kleine Fellnase hat es sich vor dem warmen Ofen gemütlich gemacht. Kuschelige Textilien und natürliche Materialien geben unserer hellen Einrichtung eine warme Ausstrahlung.

Das skandinavische Design, zeitlose Klassiker und langlebige Möbel haben es mir am meisten angetan. Viele Deko-Teile habe ich mir aus Skandinavien, von unseren Urlaubsreisen, mitgebracht. Wir verbringen gerne Zeit in Schweden, Dänemark und Norwegen und lassen uns auf unseren Reisen inspirieren.

Frühling

» Im Frühling erwacht der Garten aus seinem Winterschlaf. Die erste Saat wird im Haus vorgezogen, um sie wenige Wochen später ins Freiland zu pflanzen.

» Auch im Frühling ist noch Zeit, um ein bienenfreundliches Staudenbeet zu planen und anzulegen. Für den Standort geeignete Stauden sorgen im Sommer für ein Blütenmeer und sind für Insekten unverzichtbare Nektarlieferanten.

» Sobald sich die ersten Sonnenstrahlen zeigen, wird bei Kaffee und Kuchen die Gartensaison eingeläutet.

MARIGOLD
WILLOW

» Vitrinen-Schränke und Sideboards lassen sich wunderbar mit Wiener Geflecht aufhübschen. Mit wenigen Handgriffen entstehen so persönliche Möbelstücke: Unikate für die eigenen vier Wände.

» In individuellen, ausgefallenen Vasen kommen hübsche Blumen-Kompositionen besonders schön zur Geltung.

Schwedische SEMLOR

Semlor ist eine schwedische Spezialität, die am Faschingsdienstag serviert wird. Traditionell werden die Hefeteilchen vor dem Beginn der Fastenzeit gegessen, aber diese süße Sünde wird in Schweden mittlerweile auch zu Ostern oder in der Weihnachtszeit gereicht. Die süße Versuchung aus Hefeteig mit Kardamom, gefüllt mit Marzipan und Mandelsplittern und gekrönt von einer himmlischen Sahnehaube, zählt zu meinem Lieblingsgebäck. Besonders köstlich sind die Semlor, wenn der Teig noch lauwarm ist.

Für 10–12 Semlor

Teig

- 25 g Hefe, frisch
- 200 ml Vollmilch
- 75 g Butter, weich
- 50 g Puderzucker
- 2 Eier (Größe M)
- 2 TL Kardamom, frisch gemahlen
- 500 g Weizenmehl
- ½ TL Salz
- Ei
- 1–2 EL Wasser
- 1 Pr. Salz

Füllung

- 100 g Mandeln, geschält
- ½ TL Salz
- 1 TL Wasser
- 50 g Puderzucker
- 1 EL Milch
- 200 g Marzipanmasse
- 3 dl Schlagsahne
- Puderzucker

1. Alle Zutaten für den Teig sollten Zimmertemperatur haben. Zerbrösle die Hefe in einer Schüssel und löse sie in Milch auf. Die Hefe-Milch-Mischung kurz ruhen lassen, bis sie kleine Bläschen bildet.

2. Butter, Puderzucker, Eier, Kardamom und die Hälfte des Mehls zugeben. Zusammen zu einem lockeren Teig verarbeiten.

3. Salz und etwas Mehl nach und nach dazugeben, bis der Teig glatt wird und sich von den Rändern löst. Den Teig in gleiche Teile zu je ca. 60–70 g aufteilen. Wenn man kleinere Semlor wünscht, sollten die Kugeln ca. 40 g wiegen.

4. Forme die Teigstückchen zu Kugeln. Rolle diese mit mehligen Händen vorsichtig zu Brötchen und lege sie auf das mit Backpapier ausgelegte Backblech.

5. Die Brötchen mit einem Küchenhandtuch abdecken und für ca. 2 Stunden aufgehen lassen, bis sich ihre Größe verdoppelt hat. Ofen auf 200 °C Ober- und Unterhitze vorheizen.

6. Im Anschluss bestreiche die Brötchen mit einem verquirlten Ei, Salz und Wasser und backe sie für ca. 10–12 Minuten, bis sie goldbraun sind. Lasse sie dann auf dem Kuchengitter abkühlen.

7. Für die Mandelfüllung die Mandeln für 10 Minuten bei 175 °C Ober- und Unterhitze rösten und mit Salz, Wasser und Puderzucker verrühren. Die Mandeln anschließend mit einem Mörser oder Messer zerkleinern. Milch und Marzipanmasse unter die Mandelmasse heben.

8. Deckel für die Brötchen abschneiden und etwas Brötchenteig aushöhlen. Mit Mandel-Marzipanmasse füllen, Sahnehaube darauf geben und zum Schluss den Brötchendeckel wieder aufsetzen. Mit Puderzucker bestäuben.

Eierschalen-VASEN

Ich würde gerne schwedische Blumenhühner in meinem Garten halten. Sie haben ein wunderschönes, buntes Gefieder und legen große, weiße Eier. Am Sonntag gibt es bei uns zum Frühstück immer Rührei. Gerade in der Osterzeit bewahre ich die Eierschalen gerne zum Basteln auf und werfe sie nicht auf den Komposthaufen. Für dieses Arrangement habe ich die Eierschalen mit Plakatfarbe betupft und mit Traubenhyazinthen bepflanzt.

Für 1 Arrangement

- Eierschalen nach Wahl
- Plakatfarbe nach Wahl
- Traubenhyazinthen
- Blumenerde
- Glasschale
- Klebeband, transparent, doppelseitig klebend
- Moos
- Kätzchenweide
- Federn
- Wachteleier, ausgeblasen

1. Lege dir das benötigte Material zurecht. Du kannst auch die natürlich-bunten Eier der Marans- oder Araucana-Hühner nehmen und auf das Färben oder Anmalen verzichten.

2. Zum Färben der Eierschalen betupfe die Schalen mithilfe eines kleinen Schwamms mit Plakatfarbe. Damit schaffst du eine schöne Struktur.

3. Wenn die Schalen getrocknet sind, diese vorsichtig mit den Traubenhyazinthen bepflanzen.

4. Für das Arrangieren in einer tiefen Vase oder Glasschale kannst du die Eierschalen an der Unterseite mit doppelseitigem Klebeband versehen. Das Klebeband gibt den kleinen Eiervasen den gewünschten Halt in der Glasschale. Mit Moos, Kätzchenweide, Wachteleiern und Federn die freien Stellen in der Vase bedecken. Fertig ist die österliche Tischdeko.

Ein Ei unbepflanzt lassen, mit Wasser befüllen und darin kleine Blüten arrangieren.

Saftiger RHABARBERKUCHEN

Saurer Rhabarber küsst süßes Baiser-Häubchen. Zu meinen absoluten Lieblingskuchen zählt der Rhabarberkuchen mit Baiser-Haube. Der saftige Rührteig in Kombination mit säuerlichem Rhabarber und einer zarten Wolke aus Eischnee macht diesen Kuchen zu einem wahren Genuss. Den Rhabarber ernte ich immer frisch aus dem Garten. Bis zum Johannistag kann Rhabarber geerntet werden.

Für 1 Rhabarberkuchen, Ø 26 cm

Kuchenteig

- 700 g Rhabarber
- 150 g Margarine
- 150 g Zucker
- 1 Pck. Vanillezucker
- 3 Eigelb
- 2 Eier
- 150 g Mehl
- 80 g Speisestärke
- 2 TL Backpulver

Baiser

- 3 Eiweiß
- 1 Pr. Salz
- 180 g Zucker
- 1 TL Zitronensaft, frisch gepresst

1. Wasche den Rhabarber und schneide ihn in Stücke. Rühre für den Teig die Margarine mit Zucker und Vanillinzucker schaumig.

2. Die drei Eigelb und zwei Eier hinzufügen und unterrühren. Im Anschluss Mehl, Speisestärke und Backpulver langsam dazugeben und unterrühren.

3. Fette die Springform ein und fülle den Teig in die Form. Die Rhabarberstücke auf den Teig legen. Den Kuchen bei 180 °C Ober- und Unterhitze im vorgeheizten Backofen ca. 60 Minuten lang backen.

4. Für das Baiser die Eiweiße mit einer Prise Salz steif schlagen und kühl stellen. Wenn sich eine Schneemasse gebildet hat, Zucker und Zitronensaft unterrühren.

5. Der Kuchen sollte nach 50 Minuten aus dem Ofen geholt werden, um die Baiser-Masse auf den Kuchen zu verteilen. Den Kuchen nochmals für 10 Minuten bei 100 °C backen. Fertig!

Aquarell-
EIER

Ostereier bemalen hat bei uns eine lange Tradition. Mit meinen Kindern habe ich jedes Jahr zu Ostern Eier ausgepustet und bemalt. Wir haben sie mit Konfetti beklebt, Hasen-Gesichter aufgemalt, die Eier in Rote-Bete-Saft und Zwiebelsud getaucht oder mit Wachs beträufelt. Mittlerweile sind meine Kinder erwachsen. Bunte Eier sollen dennoch weiterhin unsere Osterzeit bereichern, deshalb bemale ich die Eier mit kleinen Blüten, und jedes Familienmitglied darf sich einen individuellen Frühjahrsboten aussuchen.

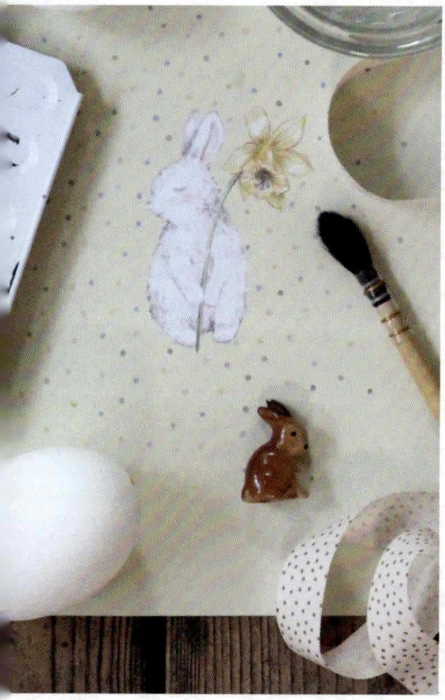

Für 1 Osternest

- Eier in Weiß
- Aquarellfarben nach Wahl, alternativ Wasserfarben
- Teller
- Stroh oder Heu
- auf Wunsch Faden zum Aufhängen

1. Die Eier mit der Nadel vorsichtig oben und unten anstechen und behutsam ausblasen. Sorgfältig trockenen lassen.

2. Male nun mit den Aquarellfarben zarte Blüten auf die Eier und lasse die Farbe trocknen. Aber Vorsicht: Die Farbe sollte nicht zu nass sein, da sie sonst auf der gewölbten Oberfläche leicht verläuft.

3. Die Eier kann man anschließend an einem Faden dekorativ an einen Zweig hängen oder mit etwas Stroh auf einem Teller zu einem kleinen Nest arrangieren. Viel Spaß beim Kreativsein!

Man kann auch Wasserfarbe verwenden. Wenn man sich vermalt hat, lässt sich die Farbe ganz einfach mit Wasser abwischen, und man nimmt einen zweiten Anlauf.

Alternativ kann man statt des Frischkäse-Toppings auch ein Eiweiß-Topping machen. Dafür zwei Eiweiß steif schlagen und mit 100 g Puderzucker vermengen.

Karotten-MUFFINS

In der Osterzeit darf ein Möhrchenkuchen bei uns nicht fehlen. Alternativ backe ich auch gerne Karotten-Muffins, die ich mit einem Frischkäse-Topping und Marzipaneiern verziere. Die saftigen Muffins haben die perfekte Größe für den Osterbrunch, ein Picknick in der Frühlingssonne oder für zwischendurch. Die Karotten-Muffins sind einfach köstlich, und das cremige Topping rundet den Gaumenschmaus ab.

Für 12 Muffins

Muffin-Teig

- 12 Muffin-Papierförmchen
- 150 g Butter, weich
- 2 Eier (Größe L)
- 100 g Vollrohrzucker
- 250 g Mehl
- ½ TL Backpulver
- 1 TL Zimt
- 100 g Mandeln, gemahlen
- 150 g Karotten, geraspelt
- 1 Orange, abgerieben und entsaftet
- 2 TL Honig

Topping

- 300 g Frischkäse
- 100 g Puderzucker
- Spritzbeutel
- Vollmilch-Schokoraspeln
- 24 Marzipaneier

1. Den Backofen auf 180 °C Umluft vorheizen und das Muffin-Blech mit Papierförmchen auslegen.
2. Rühre für den Teig die Butter, die Eier und den Zucker in einer Schüssel schaumig. Siebe das Mehl, den Zimt, die Mandeln und das Backpulver hinein und verrühre alles. Jetzt die Möhren putzen, waschen, fein reiben und unter die Teigmasse heben.
3. Den Teig in die sechs Förmchen des vorbereiteten Blechs füllen und 20 Minuten lang auf 180 °C backen.
4. In der Zwischenzeit den Honig und den Orangensaft in einer Pfanne erhitzen, zum Kochen bringen und 1 Minute sirupartig einköcheln lassen.
5. Gib einen Teelöffel des Sirups auf die noch warmen Muffins und lasse sie vollständig auskühlen. Für das Topping Frischkäse und Puderzucker leicht verrühren und in den Spritzbeutel geben. Das Topping auf die Muffins spritzen und mit Marzipaneiern und Schokoraspeln verzieren.

Meine Gartentipps FÜR DEN FRÜHLING

» Frühbeet mit einer Mulchdecke vorbereiten

Den Gemüsebeeten wird Mulchkompost zugefügt. Er ist der perfekte Aktivator für die Frühbeete, um das Bodenleben aus seinem Winterschlaf zu wecken. Mulchkompost enthält wertvolle Nährstoffreserven und Mikroorganismen. Die Mulchdecke wird auf die Beete gestreut und ganz leicht eingehakt.

» Übertöpfe und Gartengeräte reinigen

Die eingelagerten Übertöpfe und Gartengeräte werden gereinigt, falls dies nicht bereits vor der Einlagerung passiert ist. Werkzeuge werden geschliffen, geölt und gewartet, damit die Gartensaison mühelos beginnen kann.

» Obstgehölz schneiden

Die Obstbäume werden im Februar/März in Form gebracht und geschnitten. Sollten beim Schnitt Wunden auftreten, müssen diese versiegelt werden. Der Rückschnitt fördert das Holzwachstum und den Obstertrag.

» Rosen schneiden

Damit ich mich im Winter an den Hagebutten meiner Wildrosen erfreuen kann, schneide ich meine Rosen im Herbst nicht zurück. Der Rückschnitt erfolgt erst im Frühling, bevor die Rosen austreiben.

>> Staudenbeete planen

Der Frühling eignet sich auch hervorragend, um neue Beete zu planen und den Garten umzugestalten. Mit Zentimeterpapier, einem Stauden- oder Gartenbuch und einer Tasse Tee lässt es sich besonders schön planen. Ich schneide mir auch gerne Impressionen aus verschiedenen Gartenzeitschriften aus und erstelle eine Collage, um meinen Garten neu zu planen.

>> Saatgut kaufen

Nach der Planung wird neues Saatgut gekauft. Wer bereits ein paar Lieblingsstauden im Garten hat, kann natürlich auch im Herbst das Saatgut aus den Blüten schütteln und in kleinen Briefumschlägen oder Saattüten aufbewahren. Das Saatgut vom Rittersporn oder der Akelei sammele ich im Herbst immer ein und streue es an neuen Stellen im Garten aus. Saatgut für das Gemüsebeet und einjährige Staudensaat wird gekauft.

>> Kletterpflanzen auslichten

>> Kartoffeln vorkeimen

Die Kartoffeln kann man wunderbar Mitte Februar in Eierkartons vorkeimen. Sie sind dann schneller erntereif und unempfindlicher gegen Krankheiten. Die vorgekeimten Kartoffeln viertle ich später und bringe sie Ende März, Anfang April ins Gemüsebeet. Du kannst auch einen Mörtelkübel verwenden, wenn du kein Hochbeet oder einen Gemüsegarten hast. Der Kübel findet auch auf dem Balkon Platz.

>> Stauden ins Freiland pflanzen

TISCHDEKO mit Karotten und Ranunkeln

Eine üppige Tischdeko zu saisonalen Feierlichkeiten finde ich immer schön. Dafür muss man keine ausgefeilten Arrangements kreieren, ein Bund Karotten und einige Frühlingsblüher tun es auch. Ein weiterer kleiner Ostergruß an die Gäste ist ein mit einem Hasengesicht verziertes und in eine Stoffserviette gewickeltes, gekochtes Ei. Dieser individuelle Tischschmuck sorgt bestimmt für Gesprächsstoff und für einen schönen bunten Farbklecks im Frühling.

Für 1 Karotten-Ranunkel-Vase

- Glasvase, hoch, mit Fuß
- Bund Karotten mit Grün
- Bund Ranunkeln nach Wahl

Für 1 Gedeck

- Kordel
- Stoffserviette, ca. 25 cm × 25 cm
- Fineliner, schwarz
- 1 Ei, gekocht
- Traubenhyazinthen und Mini-Narzissen

1. Die hohe Glasvase mit frischem Wasser füllen. Die Karotten vorsichtig abwaschen.

2. Gib die Karotten mit ihrem Karottengrün in die Vase. Dazwischen die bunten Ranunkeln dekorativ arrangieren. Die Möhrchen können später noch verwendet werden, wenn das Wasser regelmäßig frisch gehalten wird.

3. Für den passenden Gesamteindruck die Serviette zu einem ca. 3 cm breiten Band zusammenrollen und flachdrücken. Das Serviettenband um das Ei legen und über dem Ei mit einer Kordel zusammenbinden. Mit dem Fineliner das Hasengesicht aufzeichnen. Das Ei auf einen Teller legen, die Hasenohren zurechtzupfen und mit kleinen Frühblühern verzieren.

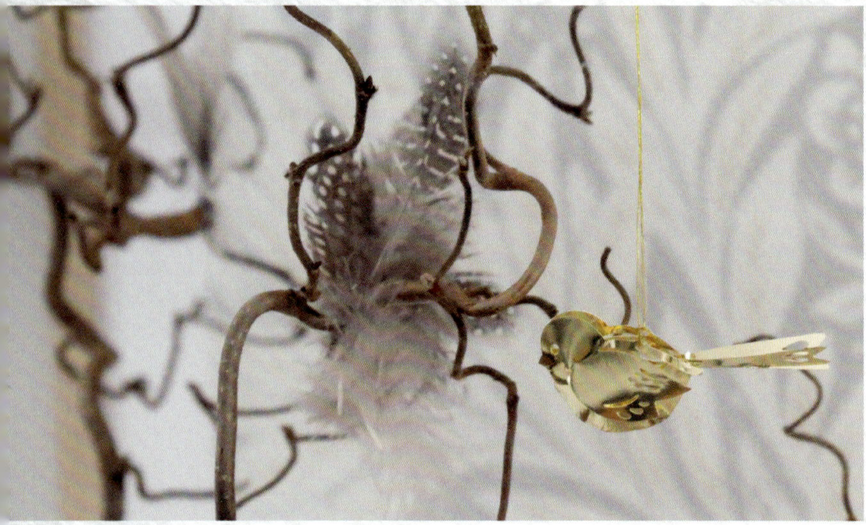

Österlicher FEDERSTRAUSS

In unserer Region ist es Tradition, dass wir in der Osterzeit bunt gefärbte Eier in Sträucher und Äste hängen – ein schönes Brauchtum, um den Frühling einzuläuten. In Schweden hingegen werden Birkenäste mit bunten Federn geschmückt, den sogenannten „Påskris". Ich mische beide Traditionen gerne und verwende zu Ostern sowohl Eier als auch Federn, die ich an einem Haselnusszweig befestige. Mein Strauß ist dabei in der Regel schlicht und nicht ausgesprochen bunt.

Für 1 Osterstrauß

- Eier, ausgeblasen
- Samtband
- Heißklebepistole
- Hornveilchen
- Vase, hoch
- 2–3 Zweige Korkenzieherhasel, alternativ Weide oder Birke
- Perlhuhnfedern, alternativ Fasanen- oder Hühnerfedern
- Wickeldraht

1. Zuerst wird das obere Ausblasloch der Eier behutsam vergrößert, bis es einen Durchmesser von etwa 2 cm hat.

2. Etwa 20 cm Samtband abschneiden und mit einer Heißklebepistole beide Enden gegenüber an der Innenseite der Eierschale ankleben.

3. Im Anschluss das Ei mit Wasser und Blüten befüllen und in die Haselzweige hängen.

4. Für die Feder-Deko die Federn bündeln, damit eine füllige Federblume entsteht. Diese dann dekorativ mit dem Wickeldraht am Zweig befestigen. Es können auch eingefärbte, bunte Federn verwendet werden. Auf diese Weise lässt sich der Ast individuell und passend zur Einrichtung gestalten.

Nach Ostern nehme ich die Eier ab und lasse die Zweige mit den Federn als stille Solisten noch ein paar Wochen in der Vase stehen.

PINBOARD *aus einem Keilrahmen*

Eine selbst gemachte Pinnwand aus einem Keilrahmen und Garn ist eine nützliche und zugleich stilvolle Wanddekoration und dazu äußerst praktisch zum Aufbewahren von Notizen, Einladungen und Coupons. Der kleine Alltagshelfer ist schnell und individuell hergestellt.

Für 1 Pinboard

- Keilrahmen, 24 cm × 30 cm
- Wandfarbe, wasserbasiert
- Garn in 3 Farben nach Wahl
- Holz-Bilderrahmen, ca. 24 cm × 30 cm
- Z-Winkel oder Stiftnägel

1. Den Keilrahmen in der gewünschten Farbe bemalen und trocknen lassen.

2. Im Anschluss das Garn im Abstand von etwa 1 cm senkrecht um den Keilrahmen wickeln und hinten fest verknoten. Dann ein weiteres Garn in einer anderen Farbe waagerecht um den Keilrahmen wickeln und das Garn dabei über und unter die waagerechten Fäden führen.

3. Die Fäden gerade und gleichmäßig anordnen. Dann auch die waagerechten Fäden auf der Rückseite des Keilrahmens fest verknoten. Alternativ am Rahmen festtackern. Auf Wunsch weiter unten weitere Fäden spannen.

4. Abschließend den Holzbilderrahmen um den fertigen Keilrahmen setzen. Der Rahmen sitzt in der Regel stramm, sodass eine Fixierung von hinten nicht zwingend notwendig ist. Alternativ kannst du die Leinwand und den Bilderrahmen mit einem Z-Winkel mit Rundloch auf der Rückseite verbinden. Wer keine Winkel zur Hand hat, kann in die Rückseite des Bilderrahmens waagerecht kleine Stiftnägel schlagen, die der Leinwand Halt geben. Mein Bilderrahmen hatte Metallklemmen auf der Rückseite, mit denen ich meine Leinwand fixieren konnte. Die individuelle Pinnwand ist fertig.

Buntes MAIFEST

„Alles neu macht der Mai", sagt ein bekanntes Sprichwort. Ich liebe den Mai: Viele Blumen im Garten blühen bereits, die Luft hat sich langsam erwärmt, und die ersten Gartenfeste der neuen Saison können stattfinden. Das frische Grün und die zarten Farben der Blüten lassen alles so herrlich frisch aussehen, es gibt wieder saftige Erdbeeren und nicht zu vergessen die Maibowle!

Wir läuten den Mai immer mit einem kleinen Frühlingsfest für die Familie und unsere Freunde ein. Es gibt Leckereien, es darf bunt und fröhlich sein und ausgelassen zugehen. Stoßen wir auf ein ertragreiches Gartenjahr an, gefüllt mit vielen schönen Momenten!

Binde mit Blumendraht und kleinen Blüten einen Kranz und platziere diesen über der Futterluke.

Upcycling-VOGELFUTTERHAUS

Mein Vogelfutterhaus im Schwedenhaus-Look hängt bereits seit zwei Jahren im Garten und hält immer noch hervorragend, nur der Blumenkranz ist natürlich mittlerweile verwelkt. Dies tut dem Vogelhäuschen und seinen Besuchern jedoch keinen Abbruch. Das Häuschen ist nicht nur dekorativ, sondern auch eine nützliche Bastelidee für die heimischen Vögel, die im Frühjahr viel Energie und Kraft für die Aufzucht der Jungvögel benötigen.

Für 1 Häuschen

- Getränkepackung
- Acrylfarbe in Schwedenrot, Schwarz und Weiß
- 6 Holz-Wäscheklammern
- Schaschlikspieß
- Heißklebepistole
- Stift
- Pinsel
- auf Wunsch Blumen und Blumendraht
- Jutegarn
- Vogelfutter, lose

1. Den Verschluss der Verpackung vorsichtig kreisförmig entfernen. Auf der Verpackung frontal mittig ein Quadrat ausscheiden. Hier wird später das Vogelfutter eingefüllt.
2. Oberhalb des Ausschnitts kannst du rechts und links nach oben noch ca. 1 cm tief in die Verpackung schneiden und die Pappe etwas nach oben knicken. So entsteht ein kleines Dach über dem Fenster.
3. Streiche die Verpackung von außen rot an und lasse die Farbe trocknen.
4. Löse die Holzhälften aus den Wäscheklammern, sodass 12 lose Klammerseiten vor dir liegen.
5. Die Klammerhälften ebenso wie den Schaschlikspieß schwarz bemalen.
6. Nachdem alles getrocknet ist, die Klammerhälften auf die schräge Oberseite der Getränkepackung kleben. So wird auch das Loch des Drehverschlusses abgedeckt. Kürze den Schaschlikspieß entsprechend und steche ihn unterhalb der Fensteröffnung in den Karton. Auf ihm können die Piepmätze Halt finden, um aus dem Futterspender zu fressen.
7. Bemale die Milchpackung mit Ornamenten, floralen Motiven, einer Hausnummer oder einem Spruch. Der Kreativität sind keine Grenzen gesetzt.
8. Bohre mit einer Nadel abschließend noch ein Loch durch den Dachfirst und ziehe einen Jutefaden durch. Jetzt kann das Vogelhaus mit Futter befüllt und aufgehängt werden.

Bärlauch-BUTTER

Bärlauch zählt zu meinen Lieblingskräutern im Frühling. Ganz besonders köstlich schmeckt Bärlauch in Kräuterbutter. Mit seinem Knoblauch-Aroma schmeckt er aber auch hervorragend in Pesto und Salaten oder zum Würzen ganz allgemein. Im Frühling wird bei uns fleißig Bärlauch gesammelt, bevor die weißen Blüten aufgehen. Auch in unserem Garten wächst mittlerweile Bärlauch. Aber Vorsicht: Nicht mit dem giftigen Maiglöckchen verwechseln!

Für ca. 500 g Bärlauch-Butter

- 150 g Bärlauch
- 250 g Butter, weich
- 1 Pr. Salz
- 1 TL Zitronensaft auf Wunsch

1. Wasche den Bärlauch sorgfältig, tupfe ihn mit Küchenpapier ein wenig trocken und hacke ihn anschließend klein. Hierfür kann man auch einen Küchenmixer verwenden, wenn man die Blätter besonders klein gehäckselt haben möchte.

2. Die Kräuter werden unter die weiche Butter gehoben und mit Salz abgeschmeckt. Zusätzlich kann man frisch gepressten Zitronensaft dazugeben.

Ich friere meinen kleingehackten Bärlauch immer ein, somit habe ich das ganze Jahr frischen Bärlauch zur Verfügung.

Vergissmeinnicht-GLASVÄSCHEN

Ich liebe es, auf Flohmärkten nach alten Schätzen aus der Vergangenheit zu suchen und unserem Zuhause dadurch ein hohes Maß an Individualität zu verleihen. Mit der Zeit hat sich ein wahres Sammelsurium an Vasen, Dosen, Körben und vielem mehr angesammelt. Meinen kleinen Vasen-Fundus habe ich einfach auf einem Tortenständer dekoriert und mit Vergissmeinnicht bestückt. Das Vergissmeinnicht-Blümchen hat für mich eine große persönliche Bedeutung: Bei meinem Großvater gab es bei meinen Besuchen immer eine Tasse Ostfriesentee mit Kluntje und Wulkje aus einem zauberhaften Teeservice mit Vergissmeinnicht-Motiv.

Für 1 Arrangement

- Tortenständer
- 4 Glasvasen, klein
- Frühlingsblumen, z. B. Vergissmeinnicht, Traubenhyazinthen, Gänseblümchen
- Dekoband nach Wahl

1. Die kleinen Vasen sind schnell arrangiert. Sie können vielseitig bestückt werden mit Vergissmeinnicht, Traubenhyazinthen, Gänseblümchen, Schleierkraut und anderen Frühlingsblumen.

2. Hübsche deine Vasen mit etwas Dekoband zusätzlich auf, und fertig ist dein ganz individueller Tischschmuck.

Sommer

» Im Sommer kann man die vorangegangene Gartenarbeit der letzten Monate herrlich genießen. Unser Garten hat jetzt Hochsaison, alles ist grün und blüht.

» Ein großer Baum bietet einen schattigen Platz zum Verweilen, Lesen und Ausspannen. Es riecht nach frischen Kräutern, und ich erfreue mich an meinen Blumen und dem Vogelgezwitscher.

» Die Blumen werden regelmäßig mit Regenwasser bewässert. Nach getaner Arbeit lassen wir dann den Tag in der Abendsonne gemütlich ausklingen.

» Zarte Farben, goldfarbene Akzente, frische Blumen und natürliche Materialien findet man bei uns in jedem Raum.

» Um Ruhe und Behaglichkeit zu schaffen, wiederholen sich die Materialien und Farben in der Einrichtung. Der unaufgeregte Einrichtungsstil nimmt sich eher zurück und bietet saisonalen Blumen und Dekoelementen den Raum zu wirken.

» An verregneten Sommertagen kann man wunderbar bei einer Tasse Tee kreativ sein. Ein Stifthalter für den Schreibtisch ist zum Beispiel schnell aus einer leeren Milchpackung gezaubert und sorgt für Ordnung. Einfach die Beschichtung abziehen, umkrempeln und mit getrockneten Blüten verzieren.

Sommerliche BRANDMALEREI

Holzbrettchen sind praktisch und schön. Um ihnen eine individuelle Note zu verleihen, eignet sich die Brandmalerei ganz ausgezeichnet. Ich habe dafür keine Vorlage verwendet, sondern lediglich ein Fantasiemotiv mit einem Bleistift vorgezeichnet. Zusätzlich habe ich kleine Birkenholzscheiben mit dem Brandmalkolben beschriftet, die man wunderbar als Serviettenring nutzen kann.

Vorsicht: Der Kolben wird sehr heiß, daher sind konzentriertes Arbeiten und eine sichere Ablage notwendig!

Für 1 Holzbrett und 1 Serviettenring

- Holzbrettchen, 25 cm × 15 cm
- evtl. Bleistift und kleine Schale als Schablone
- Brandkolben mit Formspitze
- Walnussöl
- Birkenholzscheibe, Ø 6 cm
- Holzbohrer
- Schleifenband nach Wahl

1. Weiches Holz eignet sich hervorragend. Für die Vorzeichnung entweder eine beliebige Vorlage verwenden oder einfach ein Fantasiemotiv mit dem Bleistift auf das Brettchen zeichnen. Alternativ kann das Motiv auch frei Hand direkt mit dem Brandkolben aufgemalt werden.

2. Als Hilfsmittel für die Kreisform kannst du eine kleine Schale verwenden. Den Brandkolben hältst du wie einen Stift. Er wird heiß, daher solltest du ihn beim Absetzen auf eine hitzebeständige Unterlage legen. Du musst keinen Druck ausüben und kannst wie mit einem Stift über das vorgezeichnete Motiv fahren. Du kannst deine Arbeit auch unterbrechen und neu ansetzen.

3. Das Holzbrettchen im Anschluss mit Walnussöl einölen, um das Holz vor Feuchtigkeit zu schützen.

4. Für den Serviettenring die Birkenholzscheibe mit dem Brandkolben verzieren und beschriften.

5. Mit einem Holzbohrer ein Loch in den oberen Teil der Scheibe bohren und ein Schleifenband durch die Birkenholzscheibe ziehen. Fertig ist das persönliche Namensschild, das als Serviettenring genutzt werden kann.

Lavendel-DUFTSÄCKCHEN

Im Sommer liegt in unserem Garten der Duft von Lavendel in der Luft. Lavendel hat eine beruhigende Wirkung, und im Kleiderschrank hält er Motten fern. Um seinen intensiven Sommerduft zu konservieren, schneide ich die Blütenstängel bereits vor der vollendeten Blütephase ab. Solange noch nicht alle Blüten aufgegangen sind, ist die Duftintensität am stärksten.

Für 10 Lavendel-Duftsäckchen

- 200 g Lavendelblüten, getrocknet
- 1,5 m Nesselstoff, alternativ Leinen-, Baumwoll- oder Organza-Stoff
- Bleistift
- Stickrahmen und Sticknadel
- Stickgarn in Lindgrün und Violetttönen
- Nähmaschine, alternativ Nähnadel
- Nähgarn
- Schaschlikspieß zum Wenden des Stoffes
- 2 m Samtband nach Wahl (pro Säckchen ca. 20 cm)

1. Für die Füllung die Lavendelstiele von den Blättern befreien und kopfüber 10–14 Tage trocknen lassen. Wer keinen eigenen Lavendel im Garten oder auf dem Balkon hat, kann auch getrocknete Blüten kaufen.

2. Für die Stickerei das Motiv mit einem Bleistift auf dem Stoff vorzeichnen. Beginne mit den grünen Stielen im gespalteten Rückstich. Fange dabei am unteren Stielende an. Zuerst wird das Garn mit sechs Garnsträngen am Ende verknotet und in eine Nadel eingefädelt.

3. Dann steche die Nadel für den ersten Stich mit allen sechs Strängen des Garns von der Rückseite des Stickrahmens nach vorn durch. Um einen geraden Stiel zu sticken, muss die Stickerei von unten nach oben verlaufen. Steche jetzt ca. 3 mm weiter vorn in den Stoff und ziehe den Faden durch. Von unten stichst du wieder nach oben, aber diesmal in die Mitte des vorigen Stichs, somit entsteht ein fließender Übergang des Stiels. Diese Vorgehensweise wird nun bis zur gewünschten Stiellänge fortgesetzt.

Falls du keine Nähmaschine hast, kannst du die Säckchen natürlich auch mit der Hand nähen.

4. Die Lavendelblüten stickst du mit dem Margeritenstich und mit drei Garnsträngen. Dabei abwechselnd mit verschiedenen Violetttönen beidseits der Stiele entlang sticken. Der Stich wird von der Rückseite nach vorn durchgeführt. Dann wird der Faden neben dem Einstich leicht versetzt wieder von vorn nach hinten geführt, damit eine Schlaufe entsteht. Der Faden wird hierfür nicht ganz durchgezogen.

5. Die Nadel dort wieder auf der Vorderseite durchziehen, wo der Stich enden soll. Um die Schlaufe zu fixieren, die Nadel knapp außerhalb der Schlaufe einstechen. Jetzt die Schlaufe zuziehen und sie ist fixiert.

6. Für die Duftsäckchen den bestickten Stoff zuschneiden. Ich habe den Stoff mit dem gestickten Motiv auf 30 cm × 150 cm zugeschnitten. Bitte darauf achten, dass die Stickerei mittig ist.

7. Die oberen Kanten etwa 0,7–1 cm nach innen umschlagen und diesen Umschlag mit der Nähmaschine und dem Geradstich oder mit Faden und Nadel und dem Rückstich vernähen.

8. Klappe den Stoff rechts auf rechts zur Hälfte um. Das Motiv liegt innen. Vernähe die Seiten ebenfalls mit einem Geradstich.

9. Das Säckchen wenden und die Ecken mit einem Schaschlikspieß herausdrücken. Befülle die Säckchen mit Lavendel und verschließe sie mit einem Samtband.

Spargel-ERDBEER-SALAT

Sommer bedeutet Spargel- und Erdbeerzeit – und beide verwende ich liebend gerne für diesen Salat! Der leckere Spargel mit den süß-saftigen Erdbeeren, dazu ein feines Dressing und knackige Pinienkerne: So schmeckt der Sommer! Der Salat ist auch der perfekte Begleiter zu sommerlichen Grillgerichten, zu Fisch wie Fleisch. Er lässt sich prima morgens im Voraus zubereiten.

Für 4 Portionen

Salat

- Bund grüner Spargel
- 50 g Pinienkerne
- 250 g Erdbeeren
- 500 g Romana-Salat
- 50 g Feta-Käse

Dressing

- 1 EL weißer Balsamico-Essig
- 2 EL Öl
- Salz
- Pfeffer
- ½ TL Honig

Topping

- Gänseblümchen oder Schnittlauchblüten

1. Schneide für den Salat die holzigen Spargelenden ab und schäle den unteren Teil des Spargels.
2. Blanchiere den Spargel, indem du ihn für 3 Minuten in Wasser kochst und anschließend im Eisbad abschreckst. Wer den Spargel etwas weicher mag, kann ihn auch 8–10 Minuten kochen lassen.
3. Inzwischen die Pinienkerne in einer Pfanne ohne Fett anrösten.
4. Schneide den Spargel in kleine Stücke, putze die gewaschenen Erdbeeren und halbiere sie. Große Erdbeeren vierteln.
5. Den Romana-Salat waschen und den Feta-Käse zerbröckeln. Beides in einer Schüssel mit den Erdbeeren und den Spargelstückchen vermischen.
6. Die Pinienkerne über den Salat geben. Dazu schmeckt ein leckeres Balsamico-Öl-Dressing. Zum Garnieren bzw. als Topping eignen sich Gänseblümchen oder Schnittlauchblüten.

Meine Gartentipps FÜR DEN SOMMER

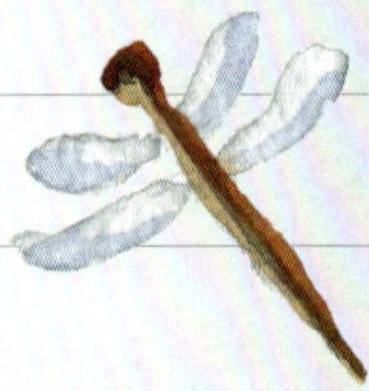

» Frühjahrszwiebeln einlagern

Nach der Blühsaison werden die Zwiebeln der Frühblüher aus den Töpfen und Beeten ausgegraben. Die verwelkten Blüten können vorab abgeschnitten werden, die Pflanzblätter jedoch nicht: Die Blätter müssen langsam verwelken, damit die Zwiebeln Energie für den nächsten Frühling sammeln können. Darum erst abschneiden, wenn die Blätter komplett eingetrocknet sind! Die Zwiebeln dunkel und trocken lagern, bis sie im Herbst wieder eingepflanzt werden.

» Salate nachpflanzen

Jetzt ist die richtige Zeit, nachgezogenen Salat, Kräuter oder Lauchzwiebeln anzupflanzen. So kannst du bis in den Spätsommer hinein immer weiter ernten.

» Ernten und genießen!

» Ernte konservieren

Oft kann die Ernte nicht komplett verspeist werden. Das muss auch nicht sein: Gerade Obst, aber auch viele Gemüsesorten kann man wunderbar einkochen oder einfrieren. Mit einem Stück konserviertem Sommer in Form von Erdbeermarmelade, Apfelkompott und frischen TK-Kräutern kann die kalte Jahreszeit getrost kommen!

» Hecke schneiden

Ende Juni, wenn die Brutzeit der Vögel vorbei ist, werden die Hecken nochmals in Form gebracht.

» Kürbisse aussäen

Bis spätestens Ende Juni sollte ausgesät werden, damit im Herbst Zierkürbisse den Garten schmücken, die man auch im Haus zum Dekorieren nutzen kann. Und auch an essbare Kürbissorten sollte man jetzt denken und sich schon mal auf leckere Brote und Suppen freuen, zum Beispiel aus Hokkaido-Kürbissen.

» Staudenbeete ausputzen

Im Sommer brauchen die Stauden- und Blumenbeete besondere Aufmerksamkeit: Rosen müssen gestützt werden, damit die Blütenköpfe nicht vom nächsten Regen auf die Erde gedrückt werden, und verblühte Blüten werden herausgeschnitten. Befreie deine Beete zudem regelmäßig von Unkraut, damit die Stauden genug Raum und Licht zum Wachsen und Blühen bekommen.

» Harken und mulchen

Zwischendurch werden die Beete gut durchgeharkt, damit sie das Regenwasser besser aufnehmen können. Außerdem mulche ich regelmäßig, damit die Erde nicht zu schnell austrocknet und unnötig bewässert werden muss.

» Futter und Wasser für die Vögel bereitstellen

In vielen Ziergärten finden Insekten und Vögel leider keine Nahrung und keine Wasserstellen. Eine Vogeltränke oder ein Teller mit Wasser und ein Futterspender werden von den Tieren gerne angenommen. In unserem Garten füttern wir die Vögel ganzjährig.

» Regenwasser sammeln

Sommerliche GRÄSERKRONE

Dekorativer Blumenschmuck muss nicht immer im Zentrum eines gedeckten Tisches stehen. Als hängende Blumenkrone über dem Tisch kann das Blumenarrangement eine natürliche und schlichte Sommerdeko sein. Gerade an einem kleinen Tischchen ist ein darüber hängender Blumenschmuck eine platzsparende Alternative und ein schöner Blickfang.

Die Krone zügig nach dem Pflücken flechten, damit die Stängel nicht austrocknen und beim Wickeln brechen.

1. Zu Beginn alle Materialien bereitlegen.
2. Die Wildblumen und Gräser zu kleinen Wild-Sträußen binden. Diese dürfen nicht zu dick sein, damit die Stiele beim Biegen nicht brechen. Zwei Gräser und eine Blüte am Stiel ergeben ein Büschel.
3. Lege das erste Büschel von vorn nach hinten um den Reifen. Die umgeschlagenen Stiele wieder nach vorn holen, über die vorderen Stiele legen und seitlich am Metallrahmen mit einer Wäscheklammer fixieren. Das zweite Büschel auf die seitlich festgeklemmten Stiele legen und die Stiele nach hinten biegen, dann nach vorn zurückziehen. Entferne die Wäscheklammer, ziehe die Stiele wieder zur Seite und fixiere die neuen Stiele mit der Wäscheklammer. Durch diese Wickeltechnik kannst du die Stiele drahtlos ineinander flechten.
4. Verknote den letzten Strang und bringe anschließend das Band in der gewünschten Länge an. Auch im getrockneten Zustand sieht die natürliche Gräserkrone zauberhaft aus, und du wirst daran noch wochenlang deine Freude haben.

Für 1 Kranz

- verschiedene Gräser, Wildblumen und Kräuter, z. B. Gelbe Schafgarbe, Gemeine Schafgarbe, Kamille, Salbei, Wiesenknopf, Margerite, Gelber Sonnenhut
- Metallreif (z. B. Ø 24 cm)
- Wäscheklammer
- Schleifenband

KÄSEKUCHEN am Stiel

Ein kleines, zuckersüßes Kuchen-Highlight sind unsere leckeren Käsekuchenstücke am Stiel. Allein die Zubereitung macht schon richtig Spaß. Sie sind dekorativ, himmlisch köstlich und sehen aus wie aus der Konditorei. Wenn es mal richtig süß werden darf, kann ich diesen Käsekuchen-Schokoladentraum wärmstens empfehlen.

Statt Erdbeeren und Schokolade kannst du auch Beeren, Krokant, Blattgold, gehackte Pistazien, kandierte Orangenscheiben oder Granatapfel-Kerne verwenden.

Für 12 Kuchenstücke am Stiel

Mürbeteig

- 250 g Mehl
- 1 TL Backpulver
- 80 g Zucker
- 1 Pck. Vanillezucker
- 125 g Butter, kalt
- 1 Ei
- Mehl zum Ausrollen der Teigmasse
- Butter zum Einfetten

Quarkmasse

- 2 Eier, Größe M
- 200 g Zucker
- 500 g Magerquark
- Zitrone, ausgepresst
- 1 EL Sonnenblumenöl
- 1 Pck. Vanillepudding-pulver (40 g)
- 500 ml Schlagsahne

Topping

- 12 Eisstiele aus Holz
- je 300 g weiße und Vollmilch-Kuvertüre
- Lebensmittelfarbe in Rot
- Deko nach Wahl

1. Für den Teig Mehl, Backpulver, Zucker, Vanillezucker, kalte Butterflocken und das Ei in eine Schüssel geben und zügig zu einem Mürbeteig verarbeiten. Den Teig in Frischhaltefolie für 30 Minuten in den Kühlschrank legen.

2. Den Backofen auf 180 °C Umluft vorheizen. Eine runde Backform mit 26 cm Durchmesser einfetten. Den Teig auf einer bemehlten Fläche ausrollen und in die Form geben. Dabei den Rand etwa 3 cm hochziehen.

3. Für die Quarkmasse die Eier mit dem Zucker schaumig rühren. Quark, Zitronensaft und Sonnenblumenöl unter die Eicreme heben. Vanillepudding-pulver und Sahne ebenfalls unterrühren. Die flüssige Quarkmasse auf den Mürbeteigboden gießen.

4. Den Kuchen auf der untersten Schiene im vorgeheizten Backofen für 60–75 Minuten backen. Eventuell muss der Kuchen nach 30–40 Minuten abgedeckt werden, damit er nicht zu dunkel wird.

5. Lasse den Käsekuchen im Ofen auskühlen und schneide anschließend den vollständig abgekühlten Kuchen in 12 Teile.

6. Für das Topping bei jedem Kuchenstück einen Eisstiel in den Rand stechen. Dann die Kuvertüre erhitzen und die Kuchenstücke in die flüssige Schokolade tauchen. Zum Schluss individuell verzieren. Der Kreativität sind keine Grenzen gesetzt. Für den rosa Schokoladenguss weiße Schokolade schmelzen und ein paar Tropfen rote Lebensmittelfarbe unterrühren.

Fika-Wand mit ZIMTSCHNECKEN-BLÜTEN

Das Wort „Fika" steht in Schweden für eine gemütliche Kaffeepause. Und was darf bei einer entspannten Kaffeepause nicht fehlen? Genau: ein leckeres Teilchen für die Seele. Wie wäre es mit einer saftigen Zimtschnecke? Zimtschnecken können unterschiedlich aussehen, es muss ja nicht immer die klassische Form sein. In Blütenform, serviert an einer Holzwand, sind sie nicht nur lecker, sondern sehen auch noch dekorativ aus.

Besonders lecker sind die Hefeteilchen noch lauwarm. Sie eignen sich auch hervorragend zum Einfrieren.

Für 12 Zimtschnecken-Blüten

Hefeteig

- 500 g Mehl, Type 550
- ½ Würfel frische Hefe
- 60 g brauner Zucker
- 250 ml Vollmilch
- 60 g Butter, weich
- 1 Ei
- 1 Pr. Salz

Füllung

- 70 g Butter, weich
- 40 g brauner Zucker
- 20 g weißer Zucker
- 3 TL Zimt
- 1 TL Kardamom, gemahlen

Topping

- 1 Ei
- 2 EL Milch
- Hagelzucker zum Garnieren

1. Für den Teig Mehl, Hefe und Zucker in eine Rührschüssel geben.
2. Milch und Butter auf dem Herd vorsichtig erwärmen. Die lauwarme Milch-Butter-Mischung zum Mehl geben. Dann Ei und Salz dazugeben und die Mehl-Masse mit einem Knethacken ca. 5 Minuten kneten, bis sich der Teig vom Rand löst. Ist der Teig noch zu feucht, etwas Mehl dazugeben.
3. Den Teig zu einer Kugel formen und 1 Stunde abgedeckt ruhen lassen.
4. In der Zwischenzeit die Zimtfüllung zubereiten. Hierfür Butter, braunen und weißen Zucker, Zimt und Kardamom mit einem Handmixer cremig schlagen. Die Zimtmasse beiseitestellen.
5. Den Hefeteig in 12 gleiche Portionen teilen. Jeweils auf einer bemehlten Fläche ausrollen und die Zimtmasse gleichmäßig darauf verstreichen.
6. Rolle den Teig jetzt in kleine Rollen auf und schneide mit einem scharfen Messer kleine Scheiben ab. Die Scheiben sollten nicht breiter als 2 cm sein.
7. Platziere die Scheiben überlappend aufeinander, damit eine Blütenform entsteht. Lege die Zimtschnecken-Blüten auf ein mit Backpapier ausgelegtes Backblech und lasse sie 20 Minuten ruhen.
8. Im Anschluss für das Topping das Ei und die Milch verquirlen, die Zimtschnecken-Blüten mit der Mischung bestreichen und mit Hagelzucker bestreuen. Dann im vorgeheizten Backofen bei 190 °C Ober- und Unterhitze 10–15 Minuten goldbraun backen.

Midsommar- FEST

Zur Sommersonnenwende feiert man in Schweden das Midsommar-Fest, und auch wir feiern den längsten Tag im Jahr in unserem Garten mit lieben Freunden und der Familie. Es werden Blumenkränze gebunden, Leckereien serviert und Geselligkeit gelebt.

Traditionell gibt es bei uns eine sommerliche Pavlova, gefüllt mit Erdbeeren und Blaubeeren. Als Dekoration hängen Lampions und Wimpel in den Bäumen, und überall stehen kleine Sitzecken für die Gäste bereit, um zu verweilen und es sich hyggelig zu machen.

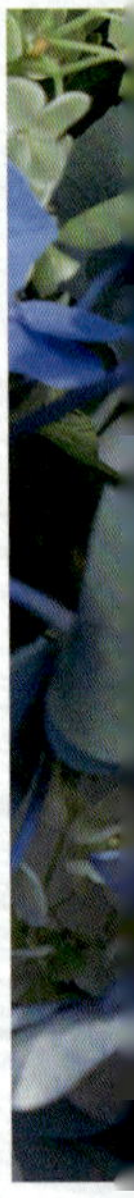

Blumen-HAARKRANZ

Ich binde gerne saisonale Kränze für den Tisch, die Haustür oder als Wandschmuck. Aber es muss ja nicht immer ein herkömmlicher Kranz sein: Warum nicht mal einen Blumenkranz als Haarschmuck tragen? Ein solcher darf im Sommer auf keinem Fest und auf keiner Hochzeit fehlen! Ich pflücke die Blumen für meine Kränze in unserem Garten oder ich hole mir welche vom Wochenmarkt. Mit meiner Tochter Emma binde ich dann sommerliche Kränze für das alljährliche Midsommar-Fest.

Die hier gezeigte Zusammenstellung an Blumen kann man hinterher auch wunderbar trocknen lassen. Dafür aber die Nelken und Margeriten vorsichtig herausziehen, denn diese trocknen nicht gut.

Für 1 Kranz

- Blumen nach Wahl, z. B. Hortensien, Schleierkraut, Frauenmantel, Pistaziengrün, Nelken, Margeriten
- Bindegrün
- Wickeldraht
- Floristikband
- Schleifenband

1. Bis der Kranz gebunden wird, sollten die Blumen in eine Vase gestellt werden. Verwende am besten keine frischen Hortensien, sondern Blüten, die bereits langsam eintrocknen. Und alle Blüten nicht in der warmen Mittagssonne schneiden, sondern am frühen Morgen.

2. Miss mit Wickeldraht den Kopfumfang ab. Der Draht muss dafür nicht komplett um den Kopf gelegt werden, sondern zunächst nur jeweils bis hinter die Ohren. Lege den Wickeldraht dann doppelt und an den Enden rechts und links jeweils zu einer Schlaufe.

3. Die Blumen und das Bindegrün mit Floristikband zu kleinen, üppigen Mini-Sträußen zusammenbinden. Mit einer Blumenschere die Stiele kürzen.

4. Umwickle die Stiele der Sträuße mit Floristikband und fixiere sie am Wickeldraht-Kranz.

5. Abschließend ein Schleifenband durch die Drahtschlaufen führen und den Blumenkranz damit am Hinterkopf fixieren.

Kleine Tartelettes eignen sich besonders gut für ein Picknick.

Erfrischende ZITRONEN-TARTE

Zu meinen Lieblings-Sommerkuchen zählt definitiv eine Zitronen-Tarte. Ich mag den zarten Mürbeteigboden und die leicht-säuerliche Zitronencreme in Kombination mit der süßen Baiser-Haube. So unglaublich lecker und perfekt für heiße Sommertage! Die Tarte kann in einer Quiche-Form oder in Tartelette-Förmchen gebacken werden.

Für 1 Zitronen-Tarte, Ø ca. 28 cm

Lemon Curd

- 150 g Zucker
- 100 ml Sahne
- 4 Bio-Zitronen, abgerieben und ausgepresst
- 5 Eier
- 2 Eigelb
- 40 g Stärke

Mürbeteig

- 180 g Butter, kalt
- 250 g Mehl
- 50 g Zucker
- Eigelb
- 1 TL Vanilleextrakt
- 1 Pr. Salz
- 2 Zitronen, abgerieben
- Butter zum Einfetten der Form

Baiser

- 3 Eiweiß
- 150 g Zucker
- 1 Pr. Salz
- Spritzbeutel
- Bunsenbrenner

1. Für den Lemon Curd alle Zutaten zügig mit einem Schneebesen in einem Topf verrühren und bei mittlerer Temperatur auf dem Herd unter ständigem Rühren zu einer Creme schlagen.
2. Sobald eine Creme entstanden ist, den Topf vom Herd nehmen und mit einem Deckel abdecken, damit sich keine Haut bildet.
3. Für den Mürbeteig alle Zutaten mit den Händen oder dem Knethaken zügig zu einem Teig verarbeiten. Forme daraus dann eine Kugel und lege sie in Folie gewickelt für 1 Stunde in den Kühlschrank.
4. Rolle den Teig aus und lege ihn in eine leicht gebutterte Tarte- oder Quiche-Form. Steche den Teig mehrmals mit einer Gabel ein und backe ihn bei 180 °C Umluft ca. 30 Minuten.
5. Nach dem Backen wird die Zitronenmasse auf den Mürbeteigboden gegeben.
6. Schlage für das Baiser das Eiweiß von frischen Eiern mit dem Zucker und dem Salz zu einer steifen Masse. Fülle sie in einen Spritzbeutel und setze kleine Hauben auf den Kuchen. Flambiere die Baiser-Masse vorsichtig mit einem Bunsenbrenner.

Wunderbares HERBARIUM

Schon in meiner Kindheit habe ich Blüten und Blätter aus dem Garten oder bei einem Spaziergang gesammelt, um diese zu konservieren. Die gepflückten Gänseblümchen, Butterblumen, Kleeblätter, Veilchen, Laubblätter und Gräser habe ich dann fein säuberlich zwischen dicken Telefonbüchern gepresst. Mit Spannung habe ich nach einigen Wochen die Seiten geöffnet, um mir das Resultat anzuschauen. Die Blüten wurden dann in ein Buch geklebt und beschriftet. Mein altes Herbarium habe ich immer noch, und auch heute presse ich gerne Blumen. Zwar nutzte ich dafür keine alten Telefonbücher mehr, sondern eine Blütenpresse aus dem Familien-Fundus, aber die Vorfreude auf das Ergebnis ist nach wie vor wie in den alten Zeiten.

Kleine Geschenke oder Grußkarten können wunderbar individuell mit den gepressten Blüten verziert werden.

Für 1 Bild-Herbarium

- Blumenpresse
- Wildblumen
- Doppelglas-Bilderrahmen

1. Besonders gut eignen sich Blüten, die noch in voller Blüte stehen und nicht bereits am Verblühen sind. Margeriten, Veilchen, Gräser, Klee, Schleierkraut, Gänseblümchen, Lavendel, Kornblumen, Stiefmütterchen und Strohblumen bieten sich besonders zum Pressen an. Die Blüten sollten an einem trockenen Tag gepflückt und unmittelbar nach dem Pflücken gepresst werden. Ich habe auch schon kleine Walderdbeeren mit Stiel und Blattwerk gepresst und ein schönes Ergebnis erzielt. Presse die Blüten in einer Blumenpresse etwa 2 Wochen lang.

2. Im Anschluss die Blüten vorsichtig aus der Presse nehmen und in einem Doppelglas-Bilderrahmen in Szene setzen. Das Anordnen macht viel Spaß. Man kann auf diese Weise kleine Blumenarrangements und Sträuße gestalten.

FLIEDER-LIMONADE aus Flieder-Sirup

Der Duft von Flieder läutet den Sommer ein. Sein unverwechselbarer Duft strömt im Frühsommer durch unseren Garten. Die Blütendolden sehen dabei nicht nur zauberhaft in einer Blumenvase aus, auch als Limonade zubereitet ist der Flieder ein wahrer Genuss. Die Zubereitung geht einfach und ergibt ein aromatisches Sommergetränk. Zudem erhält der Saft durch die Blüten neben dem Aroma auch eine wundervolle Farbe.

Für 1 Liter Limonade

- 750 g Zucker
- 3 Bio-Zitronen
- 10 g Zitronensäure
- 10 Fliederdolden
- 1-2 Melissen- oder Thymianzweige, frisch
- Eiswürfel nach Bedarf

1. Für den Flieder-Sirup den Zucker und den Saft von 1 Zitrone in einem Topf kurz aufkochen, damit sich der Zucker löst. 1 l Wasser dazugeben, kurz aufkochen und abkühlen lassen. In das lauwarme Zuckerwasser die Zitronensäure geben und gut durchrühren.

2. Die beiden anderen Zitronen in Scheiben schneiden. Sobald die Zucker-Zitronen-Mischung auf Raumtemperatur abgekühlt ist, die gewaschenen Fliederblüten und die Zitronenscheiben dazugeben. Den Topf mit einem Deckel oder Teller verschließen.

3. Lasse die Blüten 3 Tage lang in der Zuckerlösung durchziehen.

4. Anschließend die Blüten absieben. Die Zuckerlösung hat in der Zwischenzeit die Farbe und den Duft aus den Blüten gezogen. Fertig ist dein köstlicher Flieder-Sirup.

5. Für die Flieder-Limonade mische etwa 80-200 ml Flieder-Sirup mit 1 l Wasser. Gib ein paar weitere Zitronenscheiben, frische Melisse oder Thymian dazu und nach Bedarf Eiswürfel – schmeckt sehr erfrischend!

Goldener
SONNENSPIEGEL

Mit wenigen Handgriffen kann man sich die Sonne ins Haus holen. Dieser DIY-Sonnenspiegel ist ein großartiges goldfarbenes Accessoire für zu Hause. Es verleiht einem Raum Eleganz und Wärme. Ich habe alte Plastiklöffel upgecycelt, um einen einfachen Spiegel aufzuwerten. Entstanden ist ein „Sunburst Mirror" als echtes Highlight für die Wand.

Holzlöffel kann man für einen natürlichen Look auch unbehandelt belassen.

Für 1 Spiegel

- ca. 62 Löffel aus Kunststoff oder Holz
- Sprühlack in Gold
- Klebeband, durchsichtig
- Rundspiegel, Ø ca. 70 cm
- evtl. Stift und Maßband
- Gewebeklebeband oder Kreppband

1. Ich habe Löffel in verschiedenen Größen verwendet, da ich diese noch im Fundus hatte. Die alten Plastiklöffel wandern somit nicht in die Mülltonne, sondern erhalten eine neue Funktion. Du kannst selbstverständlich auch nur eine Größe wählen oder aber Holzlöffel verwenden.

2. Sprühe die Löffel im Vorfeld von beiden Seiten mit der Sprühfarbe in Gold an. Natürlich kannst du auch eine andere Farbe deiner Wahl nehmen.

3. Nachdem die Farbe vollständig getrocknet ist, klebe jeweils zwei Löffel versetzt mit durchsichtigem Klebeband aneinander.

4. Die Löffelpaare nun mit Kreppband auf der Rückseite des Spiegels befestigen.

5. Den Löffelabstand habe ich nach Augenmaß bestimmt. Du kannst den Abstand der Löffel natürlich auch mit Stift und Maßband abmessen.

Herbst

» Im Herbst, wenn die Sonne besonders tief steht, leuchten der Garten und das rote Schwedenhaus besonders schön. Die letzten Kürbisse der Gartensaison, Möhrchen, Salat und Mangold werden geerntet, und der Grünkohl wächst und gedeiht für die Ernte im Winter.

» Die Äpfel werden für einen saftigen Apfelkuchen, leckeres Kompott und Dörrobst geerntet. Ein paar Äpfel lassen wir jedoch immer für die Vögel und Insekten hängen.

» Nach einem schönen Herbstspaziergang schmecken ein warmer Apfelkuchen und eine Tasse heiße Schokolade mit Sahnehaube besonders köstlich.

» Im Herbst beginnt die gemütliche Zeit im Haus. Dann ziehen die ersten Sonnenblumen vom Feld in die Vase um. Die Tage werden kürzer, und Kerzenlicht und Textilien in natürlichen Herbstfarben sorgen für eine gemütliche Stimmung im goldenen Oktober.

» Dekoelemente wie Kastanien, Eicheln und Kürbisse runden die natürliche Herbstdeko ab. Unsere gedrechselten Eicheln aus Eichenholz zieren alljährlich den herbstlichen Tisch.

» Flauschige Textilien wie Kissen aus Samt, Felle und Decken sorgen für eine kuschelige Herbstzeit.

SÜSSKARTOFFEL-LINSENSUPPE *mit Kokosmilch*

Wenn es im Herbst draußen langsam ungemütlich wird, wärmt eine heiße Suppe herrlich von innen. Mit ein paar Toppings verfeinert, ist sie auch gleichzeitig ein Augenschmaus. Die Herbstzeit ist die perfekte Süßkartoffelzeit! Als Ofenkartoffel, im Salat oder in einer Suppe schmeckt diese Superfood-Knolle einfach köstlich.

Sehr lecker schmeckt dazu eine Scheibe Knäcke- oder Vollkornbrot.

Für 4 Portionen

Suppe

- 1 Zwiebel
- 2 Knoblauchzehen
- 3–4 Süßkartoffeln
- 200 g rote Linsen
- 1 EL Olivenöl
- 300 g passierte Tomaten
- 150 ml Kokosmilch
- 500 ml Gemüsebrühe
- 1 Pr. Salz
- 1 Pr. Chiliflocken
- Pfeffer
- Pürierstab

Topping

- Chiliflocken
- Pinien- und Sonnenblumenkerne
- Petersilie
- Balsamico-Creme

1. Für die Suppe die Zwiebel und den Knoblauch schälen. Die Zwiebel fein schneiden und den Knoblauch pressen. Die Süßkartoffeln schälen und in Stücke schneiden (vierteln). Die Linsen in einem Sieb gut abspülen.

2. Die Zwiebel und den Knoblauch im Olivenöl anschwitzen.

3. Süßkartoffeln, Linsen, Wasser, passierte Tomaten, Kokosmilch, Brühe, und eine Prise Salz hinzugeben und 15 Minuten kochen lassen. Ab und zu umrühren.

4. Wenn die Süßkartoffeln und die Linsen weich sind, die Suppe pürieren, bis sie schön sämig ist. Mit Salz, Pfeffer und Chiliflocken abschmecken. Eventuell mit etwas Wasser oder Brühe verdünnen.

5. Als Topping kannst du die Suppe zum Schluss mit Chiliflocken, Pinien- und Sonnenblumenkernen bestreuen und mit Petersilie und Balsamico-Creme garnieren. Guten Appetit!

Eichen-BLÄTTERKRANZ

Im Herbst binde ich gerne Kränze aus getrockneten Blüten oder aus Laubblättern. Schlichte, natürliche Kränze aus Laub mag ich besonders gern. Ich hänge sie an die Eingangstür und bereite so unseren Gästen einen stilvollen Empfang. Aber auch mit einem schönen Windlicht auf dem Tisch arrangiert, sind sie sehr dekorativ.

An unseren Garten angrenzend steht eine alte Eiche. Nach einem kräftigen Herbststurm liegen darunter häufig kleine Äste mit Eicheln, die man wunderbar für einen Laubkranz verwenden kann. Auch beim nächsten Herbstspaziergang lassen sich sicher ein paar Zweige finden. Der Kranz ist schnell gebunden, und die noch grünen Eicheln verfärben sich im Laufe der Zeit im Kranz braun und sorgen so für ein schönes Farbspiel. Eicheln und Eichenlaub sind für mich der Inbegriff der goldenen Jahreszeit.

Für 1 Blätterkranz

- Eichenast mit Blättern und Eicheln
- Blumendraht
- Metallreif, Ø ca. 24 cm
- Schleifenband

1. Zunächst die vielen kleinen Blätter mit Eicheln vom Ast zupfen und mit dem Blumendraht zu kleinen Laubsträußchen binden.

2. Die Laubsträußchen eines nach dem anderen an den Metallreif halten und mit Blumendraht fixieren. Dieser Schritt wird immer wiederholt, bis der Reif komplett mit Laub bedeckt ist. Dabei darauf achten, dass das neue Sträußchen immer den Stielansatz des vorhergehenden Sträußchens verdeckt.

3. Wenn der Kranz aufgehängt werden soll, z. B. an der Eingangstür, ein Schleifband darumlegen und mit einer hübschen Schleife fixieren. Als Tischdeko macht sich der Eichenkranz aber auch hervorragend. Dafür den Kranz in der Tischmitte arrangieren und ein hohes Glasgefäß mit einer Stumpenkerze hineinstellen.

Kürbis-WICHTELHAUS

Im schaurig-schönen Märchenwald machen sich die Wichtel breit. Aus den Fenstern ihres kleinen Kürbishauses scheint einladend und freundlich das Kerzenlicht in die Dämmerung. Solch eine hübsche Wichtelbehausung ist schnell geschnitzt und verbreitet einen ganz besonderen Charme.

Für 1 Wichtelhaus

- Kürbis
- mehrere Holz-Mundspatel aus der Apotheke
- Holzkleber
- 3 Schaschlikspieße aus Holz
- Acrylfarbe nach Wahl
- Kordel
- Moos, Blätter und Zapfen

1. Den Kürbis säubern. Mit einem scharfen Messer eine Tür- und eine Fensteröffnung ausschneiden. Ein oben gerundetes Fenster passt am besten zur Kürbisform.

2. Für die Tür die Mundspatel nebenaneinander legen. Die Anzahl richtet sich nach der Größe der Türöffnung. Je einen Mundspatel oben und unten quer und einen diagonal über die anderen legen und mit dem Holzkleber festkleben. Auf eine Längsseite einen Schaschlikspieß kleben. Er sollte oben und unten etwa 1 cm überstehen, das spitze Ende unten.

3. Für das Fensterkreuz und die Strickleiter die Schaschlikspieße passend zuschneiden. Für das Fensterbrett einen Mundspatel ebenfalls zuschneiden. Tür, Fensterkreuz, Fensterbrett etc. mit Acrylfarbe bemalen und trocknen lassen.

4. Die Tür mit dem spitzen Ende des Schaschlikspießes unten in die Türöffnung stecken. Die Spieße für das Fensterkreuz von innen in das Fenster stecken und die Fensterbank auflegen. Aus der Kordel und den restlichen Spießstücken eine Strickleiter knoten.

5. Nun kannst du dein Wichtelhaus mit Moos, Blättern und Zapfen verzieren.

Wenn du den ausgehöhlten Kürbis von innen mit Essig- oder Zitronenwasser betupfst, hält er länger.

Meine Gartentipps FÜR DEN HERBST

>> Feldsalat säen

So kannst du auch im Winter leckeren Salat ernten.

>> Kränze binden

Der Herbst ist die schönste Jahreszeit, um aus bunten Laubblättern, Kastanien oder getrockneten Hortensienblüten Kränze zu binden.

>> Laub fegen

Vom Rasen sollte man gefallenes Laub immer zügig entfernen, weil sonst das Gras darunter keine Luft bekommt. Auch auf Pflasterflächen sollte das Laub zusammengefegt werden, sonst wird es später rutschig. Igel und viele andere Kleinlebewesen freuen sich über kleine Laubhaufen im hinteren Bereich von Beeten als Unterschlupf für den Winter.

>> Hecken und Sträucher umpflanzen

>> Dahlien ausgraben

Dahlien vertragen keinen Frost. Daher werden die Dahlienknollen vor dem ersten Bodenfrost aus der Erde genommen und für das nächste Jahr eingelagert. Dafür eignen sich z.B. Obstkisten. Das Beschriften nicht vergessen, damit du im nächsten Jahr noch weißt, welche Dahlie das ist und welche Farbe sie hat.

>> Tulpenzwiebeln und Frühblüher pflanzen

>> Ernte einbringen

Die letzten reifen Kürbisse werden geerntet und Äpfel & Co. gepflückt. Lasse dabei aber ein wenig Fallobst für die Eichhörnchen und Insekten liegen!

>> Stauden teilen

Wenn die Stauden verblüht sind und das Laub verwelkt ist, ist es an der Zeit, sie zu teilen und umzupflanzen. Idealerweise sollte das Umpflanzen bis Ende September erfolgen, damit Pflanzen noch vor dem Wintereinbruch etwas einwachsen können.

>> Vogelkästen reinigen

Spätestens im Herbst sollten die Vogelkästen gereinigt werden, damit die gefiederten Gartenbewohner einen sauberen Unterschlupf für die kalten Wintertage haben.

>> Harken und mulchen

Jetzt ist ein letztes Mal im Jahr die Bodenpflege an der Reihe: Vor dem Winter werden die Beete noch einmal durchgeharkt. Für bessere Bodenqualität im nächsten Jahr wird danach gemulcht, z. B. mit trockenem Laub oder Grasschnitt.

Dahlien-ARRANGEMENT

Dahlien zählen zu meinen Lieblingsblumen im Herbst. Ich favorisiere die Sorten mit zarten Farben, wie zum Beispiel 'Truly Scrumptious', 'Wittem', 'Eveline', 'Sweet Nathalie', 'Melody Harmony' und 'Café au Lait'. Arrangiert in einem auffälligen Gefäß wirken die Solisten wie ein kleines Kunstwerk. Dafür eignen sich breite, ausladende Gefäße am besten. Ich finde, in meiner Suppenterrine sieht dieses Blumenarrangement toll aus!

Für 1 Arrangement

- Gefäß, breit, am besten mit Fuß, z. B. Suppenterrine
- Drahtnetz, feinmaschig, rostfrei
- Dahlienblüten und -knospen
- Wilde Möhre

1. Um den Blumen in der Schale Halt zu geben, eignet sich ein feinmaschiges Drahtnetz. Dieses sollte möglichst verzinkt oder mit Kunststoff bezogen sein, damit es nicht rostet. Das Drahtnetz in Form biegen, dabei die Ecken nach unten umbiegen, und so in die Schale klemmen, dass es fest sitzt. Fülle dann die Schale etwa zur Hälfte mit Wasser.

2. Stiele der Blumen auf die entsprechende Länge schneiden. Die höheren und größeren Blumen kommen in der Mitte am besten zur Geltung.

3. Dann die Blumen in das Drahtnetz stecken. Dabei von der Mitte nach außen arbeiten und mit den Dahlien beginnen. Mit der Wilden Möhre die Lücken füllen. Fertig ist ein opulentes Blumengesteck ohne viel Aufwand.

Dahlien-PAPIERBLÜTEN

Man kann es kaum übersehen: Ich liebe Dahlien! Außerdem werfe ich ungern Dinge weg, sondern suche immer nach Möglichkeiten, sie im Hinblick auf die Nachhaltigkeit weiterzuverwenden. Mit diesen zauberhaften Papierblüten kann ich diese beiden Vorlieben wunderbar verbinden: Statt das alte Buch der Altpapiertonne anheimzugeben, habe ich aus seinen Seiten mit wenigen Handgriffen einen floralen Papierschmuck für die Wand geschaffen. Die filigranen Dahlienblüten sind ein wunderbares Upcycling-Projekt für den Herbst.

Je nach gewähltem Buch lassen sich schöne Motive und Schriftzüge in den einzelnen Blüten wiederentdecken oder hübsche Farbeffekte erzielen.

Für 2 Dahlienblüten aus Papier

- Pappe
- 2 Teller, unterschiedliche Ø
- Bleistift
- Buch
- Klebestift
- 2 Bildaufhänger mit Leinenstruktur

1. Die Teller auf die Pappe legen und mit dem Bleistift umfahren. Die Kreise ausschneiden. Bei mir hat der Kreis für die große Blüte einen Durchmesser von 22 cm, der für die kleine Blüte hat 18 cm.

2. Die Seiten vorsichtig aus dem alten Buch heraustrennen, die Quadrate anzeichnen und zuschneiden:
für die große Blüte: ca. 56–60 Quadrate, 10 × 10 cm
für die kleine Blüte: ca. 40–44 Quadrate, 8 × 8 cm

3. Die Quadrate zu einer Kegelform zusammenrollen und mit dem Klebestift fixieren. Dabei für jede Blüte separat arbeiten, damit sich die beiden unterschiedlichen Größen nicht mischen.

4. Von außen beginnend die Kegel auf die Pappe kleben, die Spitze zeigt nach innen. Die Kegel haben einen Abstand von etwa 1,5 cm zueinander. Für die zweite Reihe die Kegel versetzt in die Zwischenräume der ersten Reihe kleben. So weiter nach innen arbeiten, bis die Blüte komplett geschlossen ist. Die zweite Blüte genauso arbeiten.

5. Nun klebst du Bildaufhänger auf die Rückseiten der Blüten. Hänge dann die Dahlienblüten auf und erfreue dich an diesem gelungenen Blickfang!

Die Strohblumen werden bereits abgeschnitten, bevor sich die Knospen komplett öffnen. Während des Trocknens öffnen sich die Blüten immer weiter, sodass sie schließlich ihre ganze Pracht entfalten.

Strohblumen-BLÜTENREIF

Mit Strohblumen verbinde ich eine besondere Erinnerung, nämlich an die Sommerferien bei meinen Großeltern. Mein Opa war ein begnadeter Gärtner, von ihm habe ich mein heutiges Gärtnerwissen und die Liebe zur Natur. Im Sommer waren die Beete voller Strohblumen, die wir gemeinsam abgeschnitten und im Wintergarten getrocknet haben. Zum Ferienende durfte ich mir immer einen Strohblumenstrauß zusammenstellen und mit nach Hause nehmen. Dort stand er dann bis in den Winter in einer Vase auf meinem Schreibtisch. Mittlerweile wachsen auch Strohblumen bei uns im Garten, als kleine Hommage an meinen geliebten Opa.

Für 1 Strohblumen-Reif

- Strohblumen
- Metallkranz, z. B. Ø 30 cm
- Heißklebepistole
- Schleifenband

1. Zunächst die Blütenköpfe der Strohblumen von den Stielen abschneiden. Dann die Blüten auf dem Metallreif arrangieren und dabei verschiedene Anordnungen ausprobieren.

2. Wenn das richtige Arrangement gefunden ist, die einzelnen Blüten mit der Heißklebepistole auf den Reif kleben. Am schönsten wirkt es, wenn größere und kleinere Blüten und verschiedene Rosa- und Weißtöne gemischt sind.

3. Zum Schluss ein Schleifenband als Aufhängung am Reif festbinden. Fertig ist ein schöner Blumenkranz mit filigranen Blüten!

Gips-STRUKTURBILD

Im Herbst, wenn die Natur mit bunten Farben aufwartet, wirkt das Zuhause besonders mit zurückhaltenden Farben beruhigend und entspannend. Für unser Wohnzimmer habe ich mit Gipsbinden ein großes Struktur-Wandbild kreiert. So lässt sich mit einfachen Mitteln ein modernes, großflächiges Kunstwerk gestalten, das durch seine organische Struktur und seine ruhige Farbgebung äußerst natürlich wirkt.

Für 1 Gipsbild

- Keilrahmen, 100 cm × 120 cm
- 3 Gipsbinden, 8 cm × 3 m
- 500 g Strukturpaste, grob
- Acrylfarbe nach Wahl

1. Zunächst die Leinwand auf eine wasserfeste Unterlage legen. Dann die Gipsbinden auf der Leinwand ausrollen und auf die Höhe der Leinwand zuschneiden. So ungefähr zehn Gipsbinden-Streifen vorbereiten.

2. Einen Gipsstreifen an den Rändern ganz leicht befeuchten. Den Streifen vorsichtig auf der Leinwand drapieren und in die gewünschte Form bringen.

3. Nach und nach mit den anderen Gipsstreifen ebenso verfahren. Wichtig ist dabei, dass die Gipsbinden nicht zu nass gemacht werden, denn sonst fallen sie auf der Leinwand in sich zusammen und lassen sich nicht drapieren.

4. Nach dem Trocknen die Zwischenräume mit Strukturpaste verspachteln. So kann man weitere Effekte schaffen und die Übergänge von den Gipsbinden zur Leinwand kaschieren.

5. Das Bild über Nacht trocknen lassen und zwei- bis dreimal mit Acrylfarbe streichen, hier in einem warmen Naturweiß. Durch den Anstrich schließen sich die Poren der Gipsbinden. Dadurch wirkt das Bild wie aus einem Guss.

Süße KÜRBISBRÖTCHEN

Wie das Verfärben der Blätter in den buntesten Farben gehören für mich Kürbisgerichte zum Herbst einfach dazu. Ich mag Kürbissuppe, gegrillten Kürbis, Kürbisaufläufe, aber auch ein Kürbisbrot darf nicht fehlen. Meine Kinder lieben das Kürbisbrot mit Marmelade. Doch auch herzhaft belegt, ist es ein Genuss. Das Kürbisbrot muss nicht immer die klassische Brotform haben, man kann ihm auch eine Kürbisform verleihen. Kleine Kürbisbrötchen in Kürbisform sind nicht nur köstlich, sie sehen auch sehr dekorativ auf dem Teller oder im Brotkorb aus.

Statt Pumpkin Pie Spice kann man auch jeweils eine Messerspitze Zimt, Kardamom und Muskat verwenden.

Für 12 Brötchen

- 450 g Mehl
- 1 Pr. Salz
- ½ Päckchen frische Hefe
- 60 g Rohrzucker
- 150 ml Wasser, lauwarm
- 250 g Hokkaido-Kürbis
- 50 g Butter, weich
- 2 TL Pumpkin Pie Spice
- Küchenfaden
- 1 Ei
- 1 EL Milch

1. Das Mehl in eine Rührschüssel geben und mit dem Salz vermischen. Eine Mulde formen und die Hefe hineinbröseln. 40 g Rohrzucker und das lauwarme Wasser in die Mulde geben. 20 Minuten lang ruhen lassen.

2. Inzwischen den Kürbis waschen, klein würfeln und kochen. Sobald der Kürbis weich ist, pürieren. Die weiche Butter sowie den restlichen Rohrzucker unterheben und das Pumpkin Pie Spice dazugeben. Die Kürbismasse zum Teig geben und mit einem Knethaken 10 Minuten kneten.

3. Den Teig mit einem Geschirrtuch abdecken und 60 Minuten ruhen lassen. Anschließend noch einmal gut durchkneten und in 12 Stücke teilen.

4. Die Teigstücke zu Kugeln formen. Dann das Küchengarn um die Teiglinge wickeln, sodass einzelne Segmente entstehen und die Brötchen die Form von Kürbissen erhalten. Das Garn nicht zu fest binden, da es sonst in den Teig eingebacken wird. Das Garn auf der Oberseite der Teiglinge verknoten.

5. Ein Backblech mit Backpapier auslegen und die Kürbisbrötchen darauf verteilen. Nochmals 20 Minuten abgedeckt gehen gelassen. Den Backofen auf 180 °C Ober- und Unterhitze vorheizen.

6. Die Milch mit dem Ei verquirlen und die Teiglinge damit bestreichen. Im Anschluss die Kürbisbrötchen für 20–25 Minuten backen.

Herbstzauber-FEST

Im Herbst werden die Tage langsam kürzer, und bevor sich das Leben ins Haus verlagert, nutzen wir die schönen Herbsttage für gemütliche Stunden im Garten. Mit der Familie wird Kürbissuppe auf der Veranda gegessen. Der Säulenkamin sorgt für Stimmung und Wärme.

Besondere Freude macht uns aber immer unser traditionelles Herbstzauber-Fest. Wir laden Familie und Freunde ein und stellen im Hof unsere große Feuerschale auf. Am gemütlichen Lagerfeuer gibt es Stockbrot. Wein und herbstliches Fingerfood dürfen natürlich auch nicht fehlen.

Ich mag den Herbst mit seinen leuchtenden Farben und dem warmen Licht. Langsam verabschiedet man sich von einer schönen Gartensaison und freut sich auf die besinnlichen Wintertage im stimmungsvoll dekorierten Schwedenhaus.

Das Stockbrot wird über dem offenen Feuer gebacken, und dazu wird eine Käseplatte mit verschiedenen Käsesorten, Feigen, Dörrobst, Trauben und Kräckern gereicht. Außerdem gibt es in kleinen Weckgläsern vorbereitet Herbstsalate. So kann man es sich wunderbar am Lagerfeuer bequem machen.

Bunter HERBSTSALAT

Dieser Salat ist der Klassiker für unser Herbstfest, aber auch zu anderen Gelegenheiten mögen wir ihn sehr. Er lässt sich gut vorbereiten, und wenn man ihn dann in mehrere Einmach- oder Schraubgläser füllt, hält er länger und vor allem zählt er dann schon als Fingerfood und ist so äußerst partytauglich!

Für 4 Portionen

Salat

- 500 g Rucola
- 200 g Pflücksalat
- 200 g Roquefort
- 8 Feigen
- Apfel
- Birne
- 400 g braune Champignons oder Waldpilze
- 2 EL Olivenöl
- 1 EL Pinienkerne
- 1 TL Honig
- 2 EL Walnüsse
- 100 g rote Weintrauben
- 4 EL Granatapfel-Kerne

Dressing

- 2 EL Olivenöl
- 4 EL Balsamico
- 1 TL Honig
- 1 TL Senf
- je 1 Pr. Salz und Pfeffer

Zum Anrichten

- 4 Weckgläser mit Deckel
- 4 Servietten
- 4 Picknickbestecksets aus Holz
- Kordel

1. Zuerst den Salat waschen und den Pflücksalat kleinzupfen. Den Käse, die Feigen, den Apfel und die Birne kleinschneiden.

2. Pilze abbürsten, in Scheiben schneiden und in dem Olivenöl anbraten und aus der Pfanne nehmen. Pinienkerne anrösten und ebenfalls aus der Pfanne nehmen. Den Honig in die Pfanne geben und die Walnüsse darin karamellisieren lassen.

3. Für das Dressing das restliche Öl, Essig, Honig und Senf verrühren und mit Salz und Pfeffer abschmecken.

4. Den Salat mit Käse, Feigen, Apfel, Birne, gerösteten Pinienkernen, karamellisierten Nüssen, Weintrauben und Granatapfelkernen vermischen und zum Anrichten in die Gläser füllen. Das Dressing auf die vier Gläser verteilen.

5. Gläser verschließen. Die Servietten und das Picknickbesteck mit der Kordel um das Glas festbinden. Bis zum Servieren kaltstellen.

Herzhafte KÄSEPLATTE

Eine Käseplatte ist schnell gemacht, dekorativ und einfach köstlich als Beilage zu einem herbstlichen Weinabend mit Freunden oder bei einem gemütlichen Lagerfeuer. Dabei kann man sich kreativ austoben und seinen Lieblingskäse in Szene setzen.

Für 1 Käseplatte

- Holzbrett, groß
- 300 g verschiedene Kräcker
- 200 g Schweizer Emmentaler
- 200 g Roquefort
- 200 g Butterkäse
- 200 g Alpenweichkäse
- 200 g Kürbiskern-Käse
- 200 g rote Trauben
- 4 Feigen
- 1 Birne
- 1 Orange
- 1 Granatapfel
- 100 g getrocknete Apfelringe (ungeschwefelt)
- 100 g Datteln
- 100 g Gewürzgürkchen
- 100 g Nüsse
- Feigenmarmelade
- Schokolade nach Belieben

1. Ein dekoratives Holzbrett ist das A und O für eine Käseplatte! Es bildet die Basis für das bunte Arrangement aus Käse, Obst und Kräckern. Eine Sorte Kräcker in der Mitte des Brettes platzieren.

2. Je nach Käsesorte den Käse am Stück lassen oder auf einem separaten Brett in etwas dickere Scheiben schneiden. Dekorativ auf dem Holzbrett anrichten.

3. Das frische Obst schneiden. Auf einem separaten Brett den Granatapfel und die Feigen in Hälften und die Orangen in Scheiben schneiden.

4. Das geschnittene Obst zusammen mit den Trauben, dem Trockenobst und den Nüssen zwischen den Käsestücken anrichten. Die Zwischenräume mit weiteren Kräckern auffüllen und die Feigenmarmelade und die Gürkchen in kleinen Gefäßen dazustellen. Natürlich kann die Käseplatte auch anders zusammengestellt werden.

Kürbis-BLUMENVASE

Ein Kürbis ist nicht nur schmackhaft, man kann ihn auch wunderbar als Blumenvase nutzen. Besonders, wenn unser alljährliches Herbstfest ansteht, werden einige Kürbisse ausgehöhlt, mit Wasser befüllt und Herbstblumen darin arrangiert. Die Kürbis-Vasen strahlen mit den Herbstblumen um die Wette. Ich mag die Leuchtkraft, und mit wenigen Handgriffen hat man eine schöne herbstliche Tischdeko gezaubert!

Für 1 Kürbis-Vase

- Kürbis, mittelgroß
- Blumen, z. B. Dahlien, Echinacea, Hortensien, Erika, Fetthenne
- evtl. verschiedenes Laub und Schneebeeren
- Deko nach Wahl, z. B. Zierkürbisse, Mini-Maiskolben, kleine Äpfel

1. Den Kürbis säubern. Dann mit einem scharfen Messer etwa das obere Fünftel waagerecht abschneiden. Die Kerne und überschüssiges Fruchtfleisch mit einem Löffel entfernen und die Öffnung mit dem Messer säubern.

2. Prüfen, ob der Kürbis stabil steht. Dann zu etwa zwei Dritteln mit Wasser füllen.

3. Die einzelnen Blumen auf die richtige Länge schneiden. Ich mag es gern, wenn die Blüten schön kompakt in der Kürbis-Vase stehen. Dafür haben alle Stiele in etwa dieselbe Länge.

4. Die Blüten sowie auf Wunsch Laubblätter und Schneebeeren in der Vase arrangieren und an den gewünschten Platz stellen. Sehr schön sieht es aus, wenn man passende Deko um die Kürbis-Vase verteilt, z. B. kleine Maiskolben, Zierkürbisse oder Äpfelchen.

Dala-Pferdchen-SCHLÜSSELBRETT

Der Flur ist der Bereich des Hauses, der uns und auch Gäste willkommen heißt, wenn wir das Haus betreten. Daher soll dieser Bereich besonders einladend sein. Damit das Schlüssel-Wirrwarr auf der Flurkommode ein Ende hat, habe ich ein neues Schlüsselbrett gestaltet. Jedes Familienmitglied hat jetzt einen individuellen Schlüsselanhänger in Form eines schwedischen Dala-Pferdchens aus Holz.

Für 1 Schlüsselbrett

Schlüsselleiste

- Rechteckleiste (40 cm × 4 cm × 1,5 cm)
- Quadratleiste (40 cm × 1,5 cm × 1,5 cm)
- Holzleim
- Acrylfarbe in Weiß
- 4 Schraubhaken aus Messing

4 Schlüsselanhänger

- Vorlage zum Bemalen, Seite 152
- 4 Dala-Pferde aus Holz, naturbelassen (8 cm × 5 cm)
- Acrylfarbe in 4 Farben nach Wahl
- Faserstift in Weiß
- 4 Ringschrauben aus Messing (Ø 6 mm)
- 4 Lederbänder (à 20 cm)
- 4 Holzperlen (rund oder Hexagon)
- 4 Schlüsselringe in Gold (Ø 30 mm)

1. Für die Schlüsselleiste zuerst die Rechteckleiste und die Quadratleiste mit einer Säge auf eine Länge von 40 cm zuschneiden und etwas abschleifen.

2. Die Quadratleiste mit Holzleim auf die äußere Seite der Rechteckleiste kleben. Trocknen lassen und dann mit der weißen Acrylfarbe bestreichen. Wieder trocknen lassen und die Schraubhaken mit gleichmäßigem Abstand in die Leiste drehen.

3. Für die Schlüsselanhänger die Dala-Pferde mit den gewünschten Farben bemalen. Nach dem Trocknen mit dem weißen Faserstift Ornamente aufzeichnen. Eine Vorlage dafür gibt es auf Seite 152.

4. Die Ringschrauben an der Mähne der Dala-Pferde eindrehen. Je ein Lederband durch die Öse führen, eine Holzperle auffädeln und das Band einmal verknoten. Den Schlüsselring mit einem weiteren Knoten befestigen. Fertig ist der Schlüsselanhänger. Das rote Pferd im typischen schwedischen Falunrot habe ich mir bereits gesichert!

5. Zum Schluss das Schlüsselbrett an der Wand ankleben. Möchte man es anschrauben, sollte man die Löcher im Brett und in der Wand vorbohren. Den Schraubenkopf dann einfach mit Weiß bemalen. Alternativ kann man auch Bilderrahmen-Haken aus Messing auf der Rückseite des Schlüsselbretts anbringen und die Haken in Wandschrauben hängen.

Winter

» Der Winter ist da, und der Garten ruht unter einer weißen Schneedecke. Der Eingangsbereich und die Veranda werden festlich mit leuchtenden Lichterketten, Teelichthäuschen, Tannengrün und Sternen geschmückt. Der kleine Schneemann erhält eine Grünkohl-Haarpracht und eine scharfe Nase aus Peperoni. Die Vorfreude auf das Weihnachtsfest steigt.

» An einem klirrend kalten Tag geht es warm eingehüllt mit der Familie zum Rodeln. Zum Aufwärmen gibt es nach der Schneeballschlacht und der Schlittenpartie heiße Schokolade und selbst gemachten Eierlikör-Punsch.

» Lichter lassen das rote Haus im Winter erstrahlen. Drinnen lodert der Kamin, und die Adventszeit wird bei selbst gebackenen Plätzchen und Geselligkeit genossen.

» In der Winterzeit machen wir es uns vor dem Kamin muckelig. Wir genießen den Advent mit der Familie, kochen gemeinsam und zelebrieren die besinnliche Jahreszeit.

» Die Weihachsstrümpfe sind mit kleinen Aufmerksamkeiten, Mandarinen, Äpfeln und Nüssen gefüllt.

» Während es sich die kleine Fellnase unter dem Weihnachtsbaum gemütlich macht, wird in der Küche ein Lebkuchenhaus in Form unseres Zuhauses gebacken. „Knusper, knusper Knäuschen, wer knabbert am Röda-Häuschen?"

Nostalgische KARAMELLBONBONS

Weihnachtsleckereien erfüllen das Haus mit Vorfreude auf das Fest. Es lohnt sich, die Mühe und Zeit in selbst gemachte Karamellbonbons zu stecken. Sie schmecken sahnig köstlich, haben einen weichen Schmelz und das Pfefferminz-Konfetti verleiht den Bonbons einen einzigartigen Geschmack. Ein Gaumenschmaus in der Weihnachtszeit.

Für cremig-weiche Karamellbonbons ist die Temperatur von 125 °C entscheidend. Ich habe auch ein paar Anläufe gebraucht, um die ideale Konsistenz zu erzielen. Das Üben lohnt sich aber auf jeden Fall, denn sie schmecken köstlich!

Für 28 Bonbons

- Pfefferminz-Zuckerstange oder 5–6 Pfefferminz-bonbons
- 80 g Butter
- 200 ml Schlagsahne
- 1 Pr. Meersalz
- Mark aus einer Vanilleschote
- 150 g Glukose
- 250 g Puderzucker
- Backpapier

1. Die Zuckerstange in einem Mörser zerstoßen und beiseitestellen. Die Butter bei schwacher Hitze in einem Topf schmelzen. Sahne, Salz und Vanillemark hineinrühren.

2. In einem anderen Topf Glukose und Puderzucker bei starker Hitze aufkochen lassen, bis die Zuckermasse bernsteinfarben wird. Ich nutze dafür einen gusseisernen Topf, weil ich damit die besten Erfolge erziele.

3. Den Topf mit dem karamellisierten Zucker vom Herd nehmen und die Butter-Sahne-Mischung vorsichtig untermischen. Vorsicht: Die Masse steigt auf und schäumt. Das soll so sein, also Ruhe bewahren!

4. Den Topf wieder auf den Herd stellen, die Hitze reduzieren und die Karamellmasse erneut zum Kochen bringen. Ab und zu umrühren, damit es unten nicht anbrennt. Es ist wichtig, dass die Masse richtig temperiert wird. Ist die Temperatur zu hoch, wird die Masse beim Auskühlen viel zu fest. Ist sie zu niedrig, wird die Masse nicht fest und zerläuft beim Anschneiden.

5. Eine Backform mit Backpapier auslegen und die fertige Karamellmasse hineingeben. Streue nach einer Minute, sobald sich eine leichte Haut gebildet hat, die zerkleinerte Zuckerstange und das Meersalz darüber.

6. Die Karamellmasse auskühlen lassen und für 2 Stunden in den Kühlschrank stellen. Anschließend kannst du die Karamellplatte aus der Form nehmen und in kleine Bonbon-Stücke schneiden. Trocken und kühl lagern. In Back- oder Pergamentpapier eingewickelt sind die Bonbons ein zuckersüßes Geschenk.

Beeren- & Rosen-EISLICHTER

Im Winter, bei eisiger Kälte, gestalte ich gerne Eislaternen und -lichter. So vergänglich wie der Winter und sein Schneezauber sind auch diese Eislichter, aber gerade darin liegt ihr Charme. Eine besondere Note erhalten sie, wenn man Blüten und Beeren mit in der Form gefrieren lässt. Diese wunderschönen Eislichter eignen sich perfekt für den Eingangsbereich, aber auch im Garten, auf dem Balkon oder der Veranda setzen sie mit dem Kerzenschein durch den dicken Eismantel leuchtende Akzente.

Schöne Eislichter entstehen auch mit einer Gugelhupfform. Hier ist die Öffnung für die Stumpenkerze bereits vorhanden.

Für 2 Eislichter

- 2 Haushaltseimer, ca. 5 l
- ca. 2,5 l Wasser
- Zweig mit roten Beeren
- 3–4 Rosenblüten
- 2 Schälchen, Ø 8–10 cm
- 2 Teelichte

1. Im Freien bei Minusgraden die Eimer jeweils etwa bis zur Hälfte mit Wasser befüllen. In den einen Eimer den Zweig mit den roten Beeren sowie einige Blätter eintauchen, in dem anderen die Rosenblüten versenken. Es eignen sich auch Nüsse, Gewürznelken, Tannengrün, Mistelzweige, Orangenscheiben und Zapfen.

2. In jeden Eimer eine kleine Schale auf die Wasseroberfläche setzen und treiben lassen. Die Schalen sollten etwa doppelt so tief im Wasser sitzen, wie die Teelichte hoch sind. Ist das nicht der Fall, die Schalen vorsichtig beschweren, z. B. mit einem kleinen Kieselstein.

3. Jetzt kann das Wasser im Garten gefrieren. Je nach den herrschenden Temperaturen dauert es nur eine Nacht, manchmal aber auch bis zu zwei Tage, bis das Wasser vollständig durchgefroren ist. Natürlich kann man solche kleinen Eislichter auch in der Gefriertruhe gefrieren lassen.

4. Dann die Schälchen vorsichtig aus der gefrorenen Eisfläche heben, die Eimer umdrehen und die Eislichter aus dem Eimer gleiten lassen. Gegebenenfalls ganz kurz mit heißem Wasser abspülen, um sie zu lösen. Je ein Teelicht in die Vertiefung setzen.

ADVENTSKALENDER-Dorf

In der Vorweihnachtszeit verkürzt ein Adventskalender die Wartezeit auf das Fest. Individuell gestaltet ist er auch ein schönes Geschenk an die Liebsten. Seit meine Kinder auf der Welt sind, bastele ich jedes Jahr einen Adventskalender, den ich individuell bestücke: mit einem Gutschein für das Weihnachtsmärchen im Theater, einen Filmabend, selbst zubereitete kleine Leckereien und weitere persönliche Überraschungen. In diesem Jahr habe ich mich für ein kleines Adventskalender-Dorf aus Pappmaché-Häusern entschieden. Das Zeichnen der Verzierungen ist eine schöne Beschäftigung bei einer Tasse Tee vor dem Kamin.

Für 1 Adventskalender-Dorf

- 21 braune Papiertüten
- 3 Pappmaché-Häuser
- Faserstifte in Weiß, Rot und Grün (0,9–1,3 mm)
- 24 kleine Überraschungen zum Verpacken
- Seidenpapier
- 21 Wäscheklammern aus Holz

1. Bei den Papiertüten jeweils die oberen etwa 5 cm von beiden Seiten schräg nach hinten falten, sodass eine Dachform entsteht.

2. Die gefalteten Papiertüten und die Pappmaché-Häuser mit dem weißen Faserstift mit verschiedenen Ornamenten verzieren, z. B. verschiedene Firste, Girlanden und Kränze. Die Fenster einzeichnen bzw. umrahmen und ein Ziegelmuster auf die Dächer zeichnen. Mit dem roten und dem grünen Faserstift Akzente setzen.

3. Die Papiertüten auffalten und mit den kleinen Überraschungen füllen. Wieder zusammenfalten und jeweils mit einer Wäscheklammer fixieren. Die Pappmaché-Häuser mit Seidenpapier auspolstern und ebenfalls mit Überraschungen füllen.

4. Arrangiere zum Schluss die Häuschen zu einem kleinen Dorf. Du kannst sie zusätzlich mit LED-Teelichtern, Tannengrün, Mini-Tannen oder Teelicht-Häusern dekorieren.

Wer Kümmel und Anis nicht mag, kann das Rezept auch ohne diese winterlichen Gewürze zubereiten.

Winterliches KNÄCKEBROT

Seit Jahren backe ich zweimal in der Woche unser Knäckebrot selbst. Ich weiß genau, was an Zutaten enthalten ist, es ist schnell zubereitet und so unglaublich lecker! Die Kinder nehmen es mit zur Arbeit und Uni, es schmeckt wunderbar als Beilage zu Suppen oder zur Käseplatte, mit salziger Butter oder belegt mit Lachs. Im Winter wandle ich das ganzjährige Rezept leicht ab und gebe Anis und Kümmel dazu – eine leckere Knäckebrot-Spezialität zur Weihnachts- und Winterszeit.

Für 1 Blech Knäckebrot

- 50 g Leinsamen
- 50 g Sesamkörner
- 50 g Sonnenblumenkerne
- 100 g Kichererbsen-Mehl
- ½ TL Anis (ganz)
- ½ TL Kümmel (ganz)
- 1 Pr. Meersalz
- 200 ml Wasser
- 30 ml Rapsöl

1. Den Backofen auf 150 °C Umluft vorheizen. Alle trockenen Zutaten in eine Schüssel geben und miteinander vermischen. Ein Backblech mit Backpapier auslegen.

2. Das Wasser kochen, mit dem Rapsöl zu den trockenen Zutaten geben und gut verrühren. Die Masse gleichmäßig auf das Backblech streichen.

3. Damit das Knäckebrot schön dünn und knusprig wird, ein zweites Backpapier auf die ausgestrichene Masse legen und mit einem Nudelholz darüber rollen.

4. Den Teig im vorgeheizten Backofen 1 Stunde auf der mittleren Schiene backen. Dann gut auskühlen lassen und in Stücke brechen. Guten Appetit!

Meine Gartentipps FÜR DEN WINTER

» Wintergemüse ernten

Jetzt werden Grünkohl, Rosenkohl, Feldsalat & Co. erntereif. So kann man sich auch im Winter über frisches Gemüse aus dem eigenen Garten freuen.

» Vogelfutter nachfüllen

Damit die gefiederten Gesellen im Garten auch im kargen Winter etwas zu fressen finden, ist es wichtig, die Futterhäuschen regelmäßig zu reinigen und mit Futter aufzufüllen.

» Vogeltränke nachfüllen

Nicht nur im Sommer müssen auch die Vögel ihren Durst stillen. Im Winter sind viele Teiche und Wasserstellen zugefroren; umso dankbarer sind die Piepmätze für regelmäßig mit frischem Wasser aufgefüllte Vogeltränken.

» Gemüsebeet-Bepflanzung vorplanen

Im Winter gibt es im Garten nicht viel Arbeit. Eine wunderbare Gelegenheit, das Gemüsebeet für die nächste Saison zu planen. Dazu überlege ich jedes Jahr, welche Gemüsesorten in unserem Garten gut gediehen sind. Diese kommen dann ebenso in meinen neuen Plan wie Gemüsesorten, die ich noch gerne ausprobieren möchte.

>> Gehölze schneiden

>> Schneebruch vorbeugen

Schnee ist ziemlich schwer, besonders, wenn es zu tauen beginnt. Damit unter diesem Gewicht keine Äste brechen, ist es wichtig, die Pflanzen, soweit man sie erreichen kann, von der schweren Schneelast zu befreien.

>> Schnee fegen

>> Kaltkeimer aussäen

Tränendes Herz, Christrose, Eisenhut, Frauenmantel und Veilchen sind sogenannte Kaltkeimer. Sie benötigen den Kältereiz im Winter zum Keimen. Daher ist jetzt die richtige Zeit, diese Pflanzen auszusäen. Dafür die Töpfe mit der Erde und dem Saatgut angießen, mit Vlies abdecken und geschützt an die Hauswand stellen.

>> Eingelagertes kontrollieren

Eingelagerte Gemüsevorräte, Zwiebeln von Frühlingsblumen wie Tulpen und Osterglocken sowie Dahlienknollen sollte man regelmäßig kontrollieren. Für eine gute Belüftung sorgen, sonst kann es passieren, dass sie im Keller, Gewächshaus oder Schuppen zu faulen beginnen.

>> Kübelpflanzen nur an frostfreien Tagen gießen

Schlichter ADVENTSTELLER

Adventskränze gibt es bekanntlich in vielen Variationen: zum Hängen, in traditioneller Kranzform mit vier Kerzen, modern als Gesteck oder auch als Kalenderkerze. Nicht immer hat man viel Platz für einen großen Kranz, der leider auch schnell zu nadeln beginnt. Eine schöne Alternative ist ein Adventsteller im schlichten skandinavischen Design. Aus einem ausrangierten tiefen Teller wird mit wenigen Schritten ein kleines Unikat, das mit bekannten Designerstücken mithalten kann und hyggelige Gemütlichkeit in jedes Wohnzimmer zaubert.

Die Kerzenschale kannst du das ganze Jahr über benutzen. Bestücke sie zu Ostern mit Moos und Eiern, im Sommer mit getrockneten Hortensien und im Herbst mit Beeren und Kastanien.

Für 1 Adventsteller

- Teller, tief, Ø ca. 22 cm
- 4 Kerzentüllen aus Metall
- Montagekleber
- Acryl-Sprühfarbe in Weiß
- 4 Stabkerzen
- Schleifenband in Rot
- Deko nach Wahl, z.B. Tannengrün, Zapfen, Nüsse, getrocknete Orangenscheiben

1. Die Kerzentüllen auf dem Teller anordnen. Dann mit dem Montagekleber festkleben. Die Tüllen sollen wirklich fest auf dem Teller haften, da man nach dem Farbauftrag ein nachträgliches Aufkleben sehen würde. Daher rate ich von der Verwendung einer Klebepistole ab.

2. Nachdem der Kleber getrocknet ist, die Arbeitsfläche mit Zeitungspapier oder Pappe auslegen. Dann sowohl Ober- als auch Unterseite des Tellers mit der Sprühfarbe besprühen. Damit nicht zu viel Farbe aufgesprüht wird und diese dann verläuft, sprühe eventuell einen dünnen Auftrag und wiederhole ihn nach dem Trocknen.

3. Die Stabkerzen in die Tüllen stecken und mit dem Band Schleifen um die Kerzen binden. Natürlich kannst du auch elektrische Kerzen verwenden – das ist besonders sinnvoll, wenn du kleine Kinder oder Haustiere hast. Dekoriere die Adventsschale zum Schluss mit Tannengrün, Zapfen, Nüssen und getrockneten Orangenscheiben.

Tomtes WICHTELTÜR

Der schwedische Tomte ist ein kleiner fröhlicher Wichtel, der ursprünglich die Haustiere beschützte. Er arbeitet nur nachts und kann sich unsichtbar machen. In der Weihnachtszeit wird er von zwei Helfern, Tomtebisse und Nisse, begleitet. Sie bringen den Kindern Geschenke. So wie wir zum Nikolausfest Teller und geputzte Stiefel aufstellen, wird in Schweden traditionell an Weihnachten vor der Wichteltür Hafergrütze bereitgestellt. Auch bei uns gibt es eine putzige Wichteltür, die jedem Besucher, der sie entdeckt, ein kleines Schmunzeln ins Gesicht zaubert.

Für 1 Wichteltür

- Holzbox Haus
- Acrylfarbe in Greige
- Tapetenreste
- ca. 10 Bastelholzstiele
- Holzkleber
- Holzperle
- Wichtel-Briefkasten
- Wichtel-Türkranz
- weitere Wichtel-Accessoires, z. B. Besen, Holzschuhe, Tasse, Leiter
- Astscheiben, Ø ca. 2,5–4 cm
- Kordel in Rot-Weiß
- Tannengrün
- Mini-Dekotannenbäume
- Mini-Lichterkette
- Mini-Wichtel

1. Die Holzbox in Hausform zunächst mit der Acrylfarbe bemalen. Nach dem Trocknen die Innenfläche des Hauses mit einem Tapetenrest verkleiden.

2. Für die Tür fünf Bastelholzstiele nebeneinanderlegen. Bei zwei Stielen die gerundeten Enden abschneiden und diese waagerecht oben und unten auf die Tür kleben. Einen weiteren Stiel diagonal über alle anderen Stiele kleben.

3. Wenn der Kleber getrocknet ist, bemale die Tür und klebe sie anschließend an die mit Tapete ausgekleidete Wand im Haus. Klebe eine Holzperle als Türknauf auf.

4. Den Türkranz und den Briefkasten befestigen und das Häuschen mit verschiedenen Wichtel-Accessoires ausschmücken. Die Astscheiben zu einem kleinen Tisch aufstapeln und den Besen an die Eingangstür lehnen. Aus der rot-weißen Kordel und dem Tannengrün eine kleine Girlande binden und drapieren. Die Lichterkette und Mini-Dekotannenbäume lassen das Häuschen winterlich erscheinen. Hast du die Spuren im Schnee entdeckt?

Pssst! Unsere Wichteltür ist das ganze Jahr über im Wohnzimmer sichtbar und so mancher Besucher hat sich schon gefragt, wer wohl hinter dieser kleinen Tür wohnt.

Schwedischer GLÖGG

In Skandinavien trinkt man im Winter Glögg, um sich die Seele zu wärmen. Die schwedische Glühwein-Variante habe ich das erste Mal in Stockholm zur Weihnachtszeit getrunken. Sie hat mir so gut geschmeckt, dass ich seitdem in der Winterzeit auch zu Hause Glögg zubereite. Ich bereite ihn immer einen Tag vorher zu, damit er über Nacht schön durchziehen kann. Mit Rosinen, Mandelsplittern und leckeren Gewürzen ist Glögg einfach ein köstliches Wintergetränk an kalten Tagen. Dazu knusprige Spekulatius und ein kleines Feuer im Garten – so holt man sich den Weihnachtsmarkt nach Hause!

Für ca. 1,2 Liter Glögg

- 1 l Rotwein
- 60 ml Rum
- 100 g brauner Zucker
- 1 Zimtstange
- 2 TL Kardamom-Pulver
- 1 Stück Ingwer (2–3 cm lang)
- 4 Nelken
- 80 g Rosinen
- 50 g Mandelstifte

1. Rotwein, Rum, braunen Zucker und Zimtstange in einen Kochtopf geben. Das Kardamom-Pulver zum Rotwein-Rum-Gemisch geben und gut umrühren.

2. Schneide den Ingwer in Scheiben und gib ihn zusammen mit den Nelken und den Rosinen ebenfalls zum Rotwein.

3. Die Glögg-Mischung langsam erhitzen. Aber Vorsicht: Sie soll nicht kochen, denn dann verdampft der Alkohol.

4. Sobald sich der Zucker aufgelöst hat, nimmst du den Glögg vom Herd. Ab besten schmeckt er, wenn er über Nacht durchziehen kann. Die Rosinen saugen sich dann schön voll, und die Gewürze können ihr Aroma entfalten.

5. Am nächsten Tag den Glögg kurz vor dem Servieren wieder vorsichtig erhitzen. Gib noch die Mandelstifte dazu – und fertig ist das winterliche-wärmende Getränk. Lass uns darauf mit einem „Skål!" skandinavisch anstoßen!

Geflochtenes PAPIERHERZ

In der Adventszeit wird bei uns viel gebastelt. Besonders gern gestalten wir Geschenk-Anhänger, Baumschmuck, Grußkarten oder Girlanden. Das klassische skandinavische Flechtherz darf an unserem Weihnachtsbaum natürlich nicht fehlen, und auch an einer Girlande mit Orangenscheiben und Tannengrün schmückt es unseren Türrahmen. Das Herz wird mit einer einfachen Webtechnik aus Papierstreifen geflochten und ist schnell gemacht. In die entstehende kleine Tasche kann man einen kleinen Gruß oder einen selbst gebackenen Keks stecken. Und auch als Geschenkanhänger oder kleines Gastgeschenk auf dem Teller macht sich dieses Herz wunderbar.

Es müssen nicht nur klassisch rot-weiße Flechtherzen sein. In Weiß und Gold sehen die Herzen auch zauberhaft aus.

Für 1 Flechtherz

- Vorlage Herz, Seite 152
- Tonpapier in Weiß und Rot
- Klebestift

1. Die Herzvorlage je einmal auf das rote und das weiße Tonpapier legen und mit dem Bleistift umzeichnen. Wenn man mehrere Herzen flechten möchte, geht es schneller, wenn man die Vorlage gleich mehrmals überträgt.

2. Die Formen ausschneiden und mittig falten. Schneide dann die vorgezeichneten Linien ein.

3. Zusätzlich brauchst du als Aufhänger noch einen Streifen rotes oder weißes Tonpapier: 10 cm lang und 1 cm breit. Zeichne den Streifen mit dem Bleistift ein und schneide ihn aus.

4. Die rote und die weiße Hälfte aufeinanderlegen, sodass eine Herzform entsteht. Lege die roten und weißen Streifen abwechselnd über- und untereinander, sodass ein Herz entsteht.

Glanzbilder-Baiser-BAUMSCHMUCK

Als Kind habe ich immer Glanzbilder, wie man sie früher in Poesiealben oder Grußkarten klebte, gesammelt. In der Schulpause wurden sie getauscht und präsentiert. Ich mag den besonderen Charme dieser Glanzbilder noch immer, und so kam mir die Idee für diesen hübschen Baumschmuck. Dafür habe ich altes Brauchtum wieder aufgegriffen, aus Baiser-Masse Baumschmuck gestaltet und diesen mit hübschen nostalgischen Glanzbildern bestückt.

Es müssen nicht ausschließlich weihnachtliche Motive sein. Winterliche Glanzbilder mit Vögeln oder Waldtieren sehen auch ganz zauberhaft aus.

Für 12–14 Baiser-Anhänger

- 2 Eiweiß
- 360 g Puderzucker
- 1 Spritzer Essig
- Spitzbeutel mit Sterntülle
- Faden in Gold
- 12–14 Glanzbilder (Nostalgiebilder)

1. Zuerst das Eiweiß steif schlagen und nach und nach den Puderzucker einrieseln lassen. Für den Glanz einen Schuss Essig dazugeben.

2. Die Eiweißmasse in einen Spritzbeutel mit Sterntülle geben. Mit der Masse kleine Kränze auf das Backpapier spitzen. Die Kränze haben einen Durchmesser von ca. 5–6 cm.

3. Als Aufhänger einen goldenen Faden zu einer Schlaufe binden und den Knoten vorsichtig in die Baiser-Masse drücken. Drücke dann die nostalgischen Glanzbilder sanft auf die Baiser-Ringe.

4. Lasse die Kränze mindestens 2 Tage gut trocknen, damit sie beim Abziehen vom Backpapier nicht brechen.

Aus dem übrigen Eiweiß kannst du wunderbar den nostalgischen Baiser-Baumschmuck gestalten (siehe Seite 142).

Duftende BRATÄPFEL

Äpfel liebe ich in allen Variationen, als Kompott, im Kuchen, als Dörrobst oder in der Winterzeit als Bratapfel. Bratäpfel sind schnell und leicht zubereitet; so sind sie die perfekte Leckerei nach einem langen Spaziergang im Schnee! Überhaupt verströmen sie einen herrlichen Duft durchs ganze Haus und sind an kalten Wintertagen einfach köstlich.

Für 6 Bratäpfel

Bratäpfel
- 4 EL Rosinen
- ca. 50 ml Wasser
- 6 Äpfel, z. B. Boskoop
- Apfelausstecher
- 120 g Marzipan-Rohmasse
- 40 g Butter
- 2 TL Honig
- 1 TL Zimt

Vanillesoße
- 1 Vanilleschote
- 250 ml Milch
- 250 ml Sahne
- 5 Eigelb
- 80 g Zucker

Topping
- Krokant oder Mandelsplitter

1. Rosinen in eine Schale geben, mit Wasser bedecken und 1 Stunde quellen lassen. Die Äpfel waschen und mit einem Apfelausstecher aushöhlen.

2. Marzipan, Butter, Honig und Zimt vermischen, die Rosinen abgießen und unterheben. Fülle dann die Masse in die Äpfel.

3. Die Äpfel bei 180 °C Ober- und Unterhitze für ca. 20 Minuten im Backofen backen.

4. Für die Vanillesoße das Mark aus der Vanilleschote kratzen. Milch, Sahne und Vanillemark in einen Topf geben, aufkochen lassen und abdecken.

5. In der Zwischenzeit Eigelb und Zucker schaumig schlagen. Rühre die heiße Vanille-Milch-Mischung nach und nach unter die Eigelb-Mischung. Dann die Masse noch einmal vorsichtig erwärmen, bis die Soße andickt. Vorsicht: Die Soße darf nicht kochen, sonst gerinnt das Eigelb!

6. Zum Schluss als Topping Krokant oder Mandelsplitter auf die Äpfel streuen und diese mit der Soße servieren. Sie hält sich im Kühlschrank etwa zwei Tage und kann also auch vorab zubereitet werden.

Lucia-FEST

In Schweden feiert man am 13. Dezember das traditionsreiche Lichterfest Santa Lucia. Auch wir feiern diesen Tag ganz besonders groß, denn an diesem Tag hat mein Sohn Emil Geburtstag. Zusätzlich zum Geburtstagskuchen gibt es bei uns Lussekatter, ein schwedisches Safrangebäck, das traditionell zum Lucia-Fest gereicht wird.

Das Lichterfest ist ein Jahrhunderte alter Brauch. In der dunkeln und kalten Jahreszeit ist es der Höhepunkt des schwedischen Weihnachtsfestes und schenkt den Menschen Licht und Zuversicht.

Die Lichterkönigin, die heilige Lucia, trägt ein weißes Gewand mit roten Schleifen um die Taille und einen Haarkranz mit leuchtenden Stabkerzen auf dem Kopf. Ihr Gefolge sind die Tärnor, Mädchen in weißen Kleidern. In Schweden wäre wahrscheinlich jedes Mädchen gerne einmal eine Lucia, und deshalb verkleiden sich die kleinen Mädchen auch an diesem besonderen Lichterfest.

Traditionelle LUSSEKATTER

Lussekatter aus Hefeteig mit Safran sind einfach köstlich, besonders, wenn sie frisch aus dem Ofen kommen. Mit Butter und Marmelade serviert sind sie eine kleine Delikatesse! Dazu eine Tasse Kaffee oder ein Glas Glögg bei Kerzenschein und die Vorfreude auf ein besinnliches Weihnachtsfest steigt garantiert.

Die Lussekatter kann man auch wunderbar einfrieren und in der restlichen Adventszeit noch genießen.

Für ca. 16 Lussekatter-Teilchen

- 600 g Mehl
- 25 g Hefe
- 1 Pr. Zucker
- 200 ml Milch, lauwarm
- 100 g Butter
- 2 Dosen Safran (à 0,1 g)
- 100 g Zucker
- 1 Ei
- Kondensmilch oder Eigelb
- Rosinen

1. Mehl in eine große Schüssel geben, eine Mulde formen und die Hefe in die Mulde bröseln, eine Prise Zucker hinzuzufügen. Die lauwarme Milch in die Mulde geben. Lasse dann die Masse kurz ruhen, bis sich kleine Bläschen gebildet haben.

2. Schmelze die Butter und gib den Safran und den Zucker dazu. Das Ei verquirlen und zum Mehl geben. Alles mit den Knethaken verrühren. Die Schüssel mit einem Küchentuch abdecken und den Teig an einem warmen Ort eine Stunde gehen lassen.

3. Den Teig noch einmal vorsichtig durchkneten und in 16 Kugeln aufteilen. Daraus auf einer bemehlten Fläche lange Stränge formen. Den Strang von jeder Seite entgegengesetzt aufrollen, sodass sich eine S-Form bildet. Die aufgerollten Lussekatter an einem warmen Ort für weitere 20 Minuten gehen lassen.

4. Den Backofen auf 220 °C Umluft vorheizen. In die „Augen" der Lussekatter jeweils eine Rosine stecken und den Teig mit Eigelb oder Kondensmilch bestreichen.

5. Für 8–10 Minuten im Ofen backen. Die Lussekatter dürfen goldbraun werden und schmecken noch lauwarm besonders köstlich.

Silvester-KNALLBONBONS

Jedes Jahr feiern wir Silvester im engsten Kreise der Familie. Auf dem Programm stehen Gesellschaftsspiele, Silvesterpunsch auf der Veranda, „Dinner for One", und es wird lecker beim Raclette-Essen geschmaust. Der Tisch wird festlich dekoriert: mit Konfetti, Glücksbringern aus Marzipan, Klee, Glückskeksen – und natürlich dürfen die Knallbonbons auch nicht fehlen! Die Knallbonbons kannst du mit einem lieben oder lustigen Spruch, Wunderkerzen, Konfetti, Glückskeksen, Knallerbsen, Luftschlangen oder Süßigkeiten befüllen. Ich denke mir jedes Jahr ein paar lustige Weisheiten für die Familie aus, die auf das kommende Jahr gemünzt sind.

Für 1 Knallbonbon

- Vorlage Schleife, Seite 153
- Papier nach Wahl, alternativ Tapetenreste
- Klebestift
- Pergamentpapier in Weiß
- Papprolle, z. B. von Küchen- oder Toilettenpapier
- Schleifenband nach Wahl
- Füllmaterial, z. B. Konfetti, Spruch, Süßigkeiten

1. Für die Schleife die Vorlage auf das Papier übertragen und ausschneiden. Ich habe für die Papierschleifen Tapetenreste verwendet.

2. Den längeren Papierabschnitt vorsichtig in die Mitte biegen und zusammenkleben. Die geformte Schleife auf den mittleren Streifen kleben. Den kleinsten Papierstreifen um die Schleifenmitte wickeln und festkleben.

3. Das Pergamentpapier um die Papprolle legen und dann den Längsrand festkleben. Eine Seite des Knallbonbons mit dem Schleifenband verschließen. Nun kannst du das Bonbon füllen, z. B. mit Süßigkeiten, Sprüchen oder Glückskeksen. Dann die andere Seite zubinden.

4. Zuletzt die Papierschleife mittig auf das Knallbonbon kleben – fertig!

MOËT & CHANDON

VORLAGEN

Dala-Pferdchen-Schlüsselbrett

Seite 116

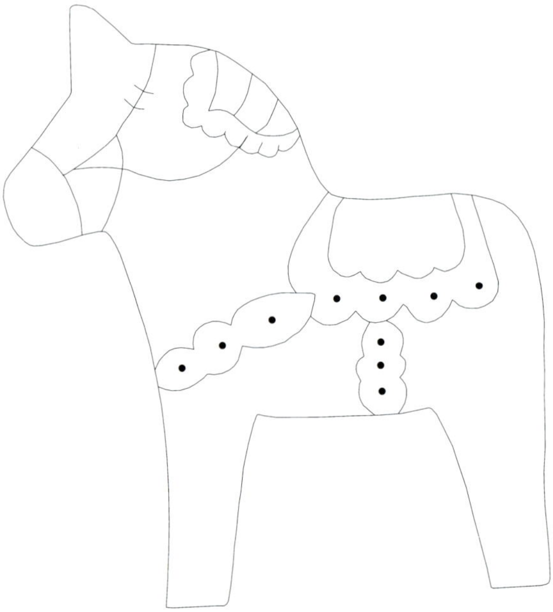

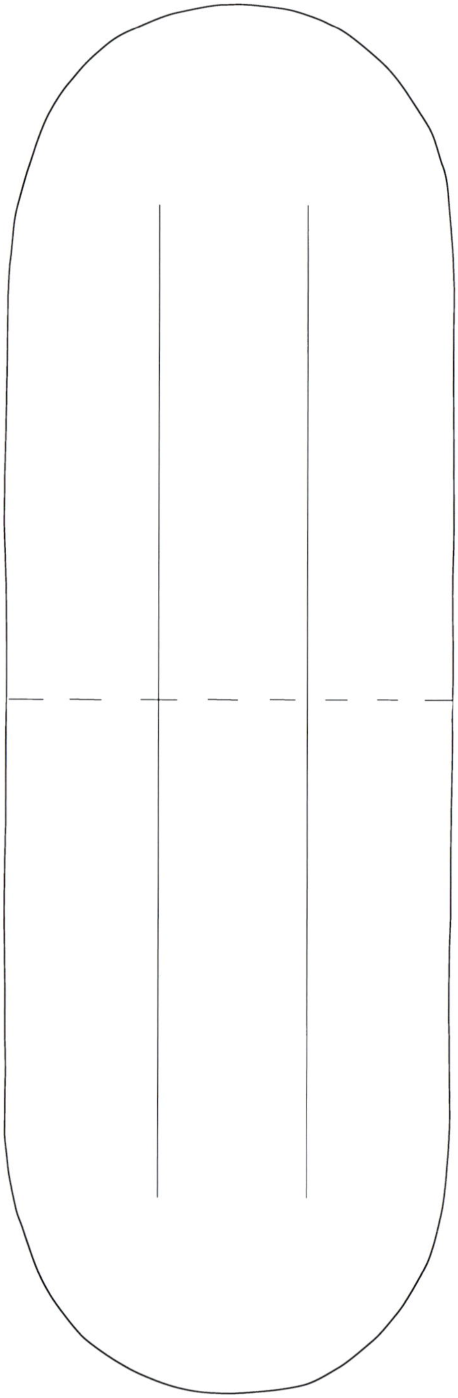

Geflochtenes Papierherz

Seite 140

Silvester-Knallbonbons

Seite 150

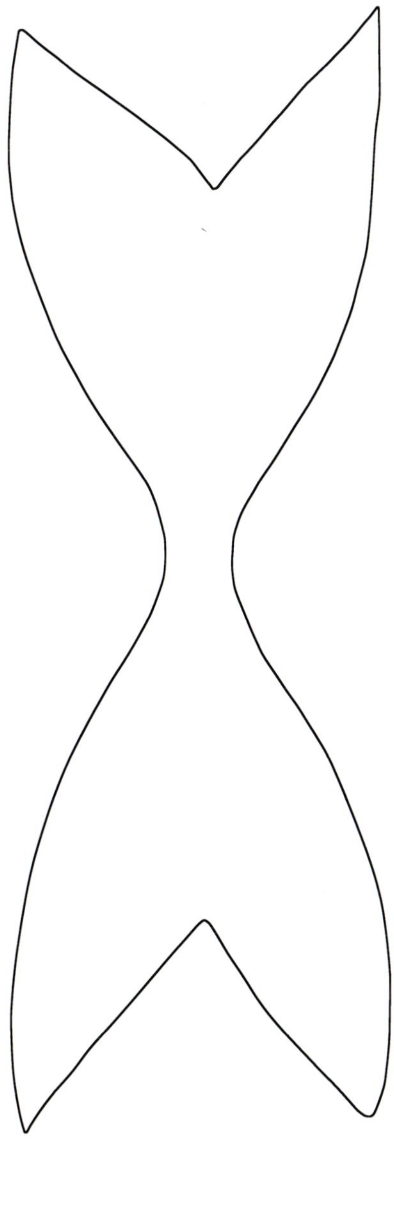

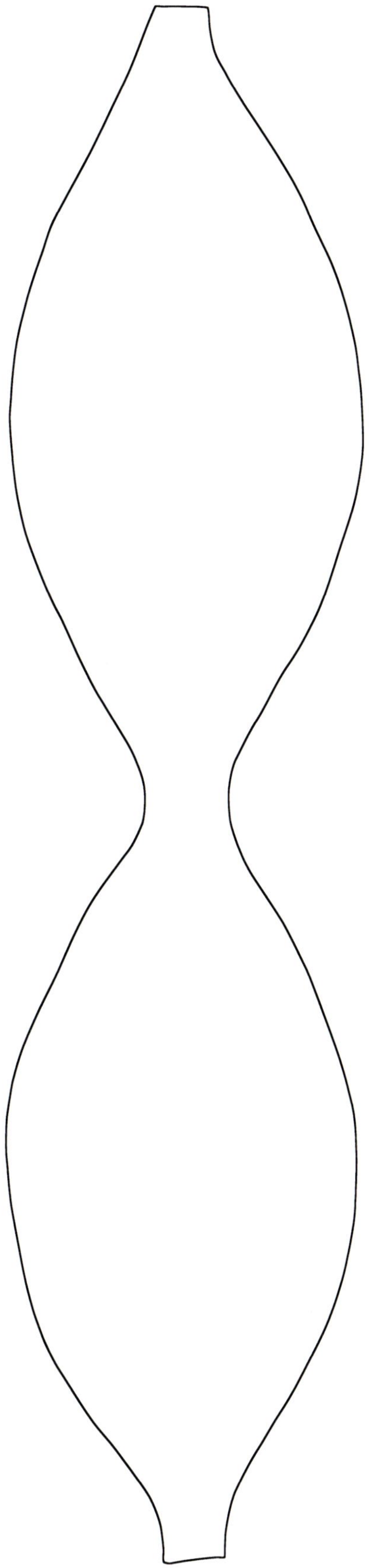

BUCHEMPFEHLUNGEN
für dich

ISBN: 978-3-7358-5088-1

ISBN: 978-3-7358-5096-6

ISBN: 978-3-7358-5112-3

ISBN: 978-3-7358-5098-0

ISBN: 978-3-7358-5106-2

ISBN: 978-3-7358-5058-4

ISBN: 978-3-7358-5047-8

ISBN: 978-3-7358-5072-0

ISBN: 978-3-7358-5070-6

ISBN: 978-3-7724-4653-5

ISBN: 978-3-7724-4661-0

ISBN: 978-3-7724-3115-9

ISBN: 978-3-7724-7280-0

ISBN: 978-3-7724-3119-7

ISBN: 978-3-7724-4600-9

ISBN: 978-3-7724-7291-6

ISBN: 978-3-7724-7293-0

ISBN: 978-3-7724-7294-7

Danke

Emil und Emma, ihr habt mich während meines Buchprojekts tatkräftig unterstützt, mir bei der Bilder- und Illustrationsauswahl sowie beim Backen und beim Shooting geholfen, Model gestanden, mir Zeit, Leichtigkeit und Freude geschenkt. Ihr seid das Wichtigste in meinem Leben, und ich bin so unendlich stolz, dass ich eure Mama sein darf.

Ich möchte mich bei Marcus bedanken, der mir immer den Rücken freigehalten hat, damit ich mich mit Muße und Gelassenheit meinem Buchprojekt widmen konnte.

Ich möchte mich bei meiner Mama bedanken, dass sie mir immer mit Rat und Tat zur Seite gestanden hat. Ich bin so froh und dankbar, dich als Mama zu haben!

Auch meine verstorbenen Großeltern möchte ich erwähnen, die mir schöne Erinnerungen hinterlassen haben. Sie haben mir in meiner Kindheit die Freude am Gärtnern und die Liebe zur Natur vermittelt.

Danke auch an das ZweiKonzept-Team und an den frechverlag – ohne euch wäre dieses Buch nur ein Traum geblieben.

Jochem, du bleibst immer in unserem Herzen!

Wir danken Rico Design für die freundliche Unterstützung mit Materialien.

Fotos und Aquarelle: Natascha van den Boom (Fotomodell S. 8, 73–75, 87, 147: Emma van den Boom)
Lektorat und Producing: Britta Sopp und Tina Bungeroth, ZweiKonzept GbR
Produktmangement: Stephanie Iber
Covergestaltung: Eva Hook
Layoutentwurf und Satz: Antje Warnecke, nordendesign.de
Herstellung: Jessica Siebert
Druck und Bindung: Polygraf Print spol. s r.o.

1. Auflage 2023

ISBN: 978-3-7358-5092-8 • Best.-Nr. 25092

MIX
Aus verantwortungsvollen Quellen
FSC® C023577

Penguin Random House Verlagsgruppe
FSC® N001967